Maiara Fonseca de Alencar Barbosa

As mulheres na ciência
Antiguidade

Maiara Fonseca de Alencar Barbosa

As mulheres na ciência
Antiguidade

Copyright © 2024 by Editora Letramento
Copyright © 2024 by Maiara Fonseca de Alencar Barbosa

Diretor Editorial Gustavo Abreu
Diretor Administrativo Júnior Gaudereto
Diretor Financeiro Cláudio Macedo
Logística Daniel Abreu e Vinícius Santiago
Comunicação e Marketing Carol Pires
Assistente Editorial Matteos Moreno e Maria Eduarda Paixão
Designer Editorial Gustavo Zeferino e Luís Otávio Ferreira
Capa Sergio Ricardo
Diagramação Renata Oliveira
Ilustradora Carla Freitas
Revisão Ana Isabel Vaz
Colaboração na revisão Heloisa Fonseca Barbosa

Todos os direitos reservados. Não é permitida a reprodução desta obra sem aprovação do Grupo Editorial Letramento.

Dados Internacionais de Catalogação na Publicação (CIP)
Bibliotecária Juliana da Silva Mauro – CRB6/3684

B238m	Barbosa, Maiara F. A.
	Mulheres na ciência : antiguidade / Maiara F. A. Barbosa. - Belo Horizonte : Letramento, 2024.
	136 p. il. ; 21 cm. - (Temporada)
	Inclui bibliografia.
	ISBN 978-65-5932-466-8
	1. História. 2. Antiguidade. 3. Ciência. 4. Feminismo. 5. Mulher. I. Título. II. Série.
	CDU: 141.72
	CDD: 305.42

Índices para catálogo sistemático:
1. Feminismo 171.72
2. Feminismo 305.42

LETRAMENTO EDITORA E LIVRARIA
Caixa Postal 3242 – CEP 30.130-972
r. José Maria Rosemburg, n. 75, b. Ouro Preto
CEP 31.340-080 – Belo Horizonte / MG
Telefone 31 3327-5771

É O SELO DE NOVOS AUTORES
DO GRUPO EDITORIAL LETRAMENTO

Para a minha querida avó, Fátima, a estrela mais brilhante no céu. Obrigada por ler os primeiros capítulos deste livro e mostrar tanto interesse por ele. Eu sei que você estaria orgulhosa de mim.

SUMÁRIO

8	INTRODUÇÃO
12	RELATOS DE CIENTISTAS BRASILEIRAS
20	O QUE FOI A ANTIGUIDADE?
24	CIÊNCIA NA ANTIGUIDADE
30	MULHERES NA ANTIGUIDADE
56	EN-HEDU ANNA
62	TAPPUTI
66	AGNODICE DE ATENAS
72	AGLAONICE DE TESSÁLIA
78	ELEFANTIS
84	FANG
90	MARIA PROFETISA
98	ASPÁSIA
106	PANDROSION
114	HIPÁTIA DE ALEXANDRIA
124	BIBLIOGRAFIA

INTRODUÇÃO

Esse projeto surgiu porque eu gosto muito de música clássica. Eu sei, é uma forma estranha de introduzir um livro sobre mulheres cientistas da Antiguidade. Talvez você tenha até voltado para a capa para conferir se estava lendo o livro certo. Sossegue, você está. Deixe-me terminar minha estória.

Porque gosto muito de música clássica, já li vários livros sobre o assunto. Entretanto, eu só conhecia três compositoras: Clara Schumann, esposa de Schumann e amiga de Brahms, Fanny Mendelssohn, a irmã do Mendelssohn, e Rachel Portman, compositora de trilha sonora de filmes como *Chocolate*. Um dia, curiosa em saber se havia outras figuras femininas da música clássica que eu desconhecia, fui ler uma página na Wikipedia que tinha uma lista de compositoras, organizadas por data de nascimento. A minha expectativa era a de que eu encontraria, talvez, uma dúzia de nomes e provavelmente a maioria deles do século 21.

Para o meu choque, deparei-me não com uma dúzia, não com algumas dúzias, mas com centenas de nomes. À medida que eu ia descendo a página e ela não ia acabando, o meu queixo ia caindo junto. Na lista, havia várias musicistas de diferentes épocas, países, etnias, orientações sexuais, religiões, estilos, etc. Clicando nos links e lendo sobre elas, aprendi que algumas tinham sido artistas renomadas e premiadas, conhecidas e apreciadas pelos seus contemporâneos. Fiquei assombrada. Por que eu, que gostava tanto de música clássica, que tinha lido sobre o assunto, nunca havia ouvido falar de 1/10 dessas mulheres?

A partir daí, comecei a checar outras listas de mulheres da Wikipedia e tudo que sabia sobre história do mundo virou de cabeça para baixo. Sempre pensei que nós, mulheres, por conta de diferentes desafios históricos, não tínhamos conseguido produzir praticamente nada de relevância por séculos. Que a sociedade patriarcal tinha conseguido embotar nossa criatividade e travar completamente nossas conquistas por séculos. No entanto, naquele dia, percebi que eu estava errada. Nós tínhamos uma história. Ela só estava escondida.

Por um lado, foi incrivelmente empolgante descobrir várias histórias de mulheres que conseguiram deixar contribuições significativas para a humanidade. Por outro, foi devastador ver quão facilmente figuras femininas são esquecidas com o tempo, por mais extraordinários que sejam seus feitos.

Eu fiquei inquieta com o conhecimento que havia adquirido. Mais pessoas precisavam saber sobre a história oculta das mulheres. Como tantas pessoas se formavam sem conhecer pelo menos meia dúzia de figuras históricas femininas das suas áreas, quando tantas mulheres pioneiras existiram e lutaram para deixar suas contribuições? Era difícil digerir esse triste fato.

Por essa razão, decidi passar a registrar minhas pesquisas – que foram além da Wikipedia, obviamente. O primeiro livro que decidi criar foi sobre mulheres cientistas, pois uma das minhas irritações constantes é ver listas de grandes cientistas da humanidade sempre terem a mesma cientista, Marie Curie, como representante única das mulheres, em meio a dez ou vinte cientistas homens famosos.

Hoje, graças aos progressos na luta das mulheres pelo acesso à educação e ao mercado de trabalho, temos, felizmente, mulheres cientistas que conseguem chegar a posições elevadas nas suas carreiras, serem reconhecidas internacionalmente e, até mesmo, em alguns casos, fazer tudo isso sem se sentirem discriminadas ao longo do processo. Ainda assim, não podemos ignorar que também há um número considerável delas que reclama de sofrer discriminação nos seus percursos acadêmicos e profissionais, de não ter as mesmas oportunidades ou os mesmos reconhecimentos que os homens, e de sofrer micro-agressões na convivência social. Historicamente, os ramos das ciências sempre foram os mais desafiadores em relação a permitir a entrada de mulheres e ainda somos minoria em muitas áreas científicas.

Atualmente, há iniciativas, algumas delas lideradas por mulheres, para incentivar a presença feminina em certos ramos científicos, como programação e engenharia. Eu as considero bastante importantes e positivas. De minha parte, quero contribuir mostrando para mulheres que se interessam por ciência que elas são herdeiras de um legado científico feminino. Quero mostrar que sempre fomos capazes de ser cientistas, que não somos inerentemente piores nisso. Assim, quando alguém perguntar *"Por que nenhuma mulher fez uma contribuição científica importante na história da humanidade?"*, espero que meus leitores tenham uma resposta na ponta da língua, e que essa resposta não seja a incorreta presunção *"De fato, mulheres não fizeram nada importante porque elas só ficavam dentro de casa"*.

Não se pode negar que, por conta de séculos de repressão, nossos números de figuras históricas notáveis são muito menores do que os dos homens, mas é importante constar que, devido ao apagamento da nossa história, eles parecem drasticamente menores do que realmente são.

Dito isso, vamos falar sobre o que você deve esperar na sua leitura. Esse trabalho foi feito com um público-alvo adulto em mente. Tentei criar um meio-termo entre os livros que simplificam demais o assunto, para que ele seja acessível para pessoas de todas as idades, e os livros que são voltados especificamente para especialistas de uma certa área, sendo de leitura particularmente difícil e longa.

Os materiais utilizados para a minha pesquisa foram livros, artigos e alguns documentos históricos. Muitas das minhas fontes são em inglês porque foi mais fácil encontrar materiais acessíveis e completos em inglês sobre a temática desse livro. Sou muito grata por todos os pesquisadores que tornaram possível meu trabalho e espero ajudar a perpetuar as descobertas deles.

Bom aprendizado, pessoal. Lembrem que conhecer nosso passado é necessário para confrontarmos nosso presente e traçarmos nosso futuro.

RELATOS DE
CIENTISTAS
BRASILEIRAS

Antes de visitarmos o passado e diferentes países do mundo, vamos apreciar algumas palavras de cientistas atuais e brasileiras sobre suas experiências e referências. Nesta seção, estão as respostas delas a um pequeno questionário.

Beatriz Leonor Silveira Barbuy - Física

Currículo lattes: Possui graduação em Bacharelado Em Física pelo Instituto de Física da Universidade de São Paulo (1972). Atualmente, é professora titular do Instituto de Astronomia, Geofísica e Ciências Atmosféricas (IAG) da Universidade de São Paulo, atuando principalmente nos seguintes temas: espectroscopia, diagrama cor magnitude, aglomerados globulares, síntese de populações e evolução estelar. É membro da Academia Brasileira de Ciências, Académie des Sciences e Third World Academy of Sciences (TWAS).

1. O que fez você entrar na sua área?

Muitos fatores concorreram para isso, mas a definição final se deu com a leitura de um livro de divulgação: "Um, dois, três, infinito" de George Gamow. Isso mostra a importância da divulgação da ciência.

2. Como é ser uma mulher na sua área?

Não se percebe grande discriminação. Como o trabalho depende de esforços pessoais em investigar e escrever trabalhos, e isso não depende de outros, não há muito como impedir a atividade científica de alguém. Portanto, não sinto impedimentos em realizar a ciência que tenho desenvolvido.

3. Há alguma figura feminina que você admire na sua área?

Há algumas astrônomas atuais com curricula impressionantes, mas admiro principalmente aquelas do começo do século XX, como por exemplo Charlotte Moore Sitterly, que fez listas de linhas atômicas e moleculares do Sol, que foram uma importante referência até alguns anos atrás, ou Nancy Grace Roman, a primeira executiva mulher da NASA, e que é considerada a mãe do Telescópio Hubble, que teve e tem enorme impacto na ciência e na mídia. Imagine o preconceito que essas astrônomas tiveram que enfrentar.

Carla Vasconcelos Freitas - Biologia

Possui graduação em Bacharelado em Ciências Biológicas pela Universidade Federal do Piauí (2016) e está em curso a sua pós-graduação em One Health pela faculdade Unyleya. Atualmente, exerce atividades na área de saúde pública, atuando como articuladora do grupo técnico de controle vetorial das Arboviroses na Secretaria da Saúde do Ceará. Atua na área de controle vetorial, monitorando os municípios do estado, articulando a vigilância dos vetores transmissores das Arboviroses, tais como dengue, chikungunya, Zika e febre amarela.

(Em resposta às três perguntas recebidas por todas)

Ser bióloga parecia um sonho distante, que só realizei com mais de 40 anos. Sempre amei a vida selvagem, os mecanismos e as formas como a vida se manifesta, e sempre achei magnífico conhecer sobre os sistemas que fazem a vida possível, mas até chegar a ser bióloga, precisei percorrer caminhos bem diferentes, até que um dia, antes tarde que nunca, esse sonho se tornou real.

Hoje trabalho com controle de vetores, saúde pública em populações vulneráveis e malacologia (estudo de moluscos). Amo o trabalho de campo, apesar de muitas vezes ser cansativo e extenuante, como é prazeroso e gratificante estar em meio à natureza, pesquisar, observar e conhecer a vida silvestre!

Como em qualquer outra área, ser mulher pesquisadora tem seus desafios, como segurança, quando se está em algum território desconhecido ou perigoso e muitas vezes precisamos de resistência física para trabalhar em áreas mais desafiadoras, mas tudo é superável e podemos contornar os desafios com perseverança e planejamento.

Lembro-me de assistir aos documentários da Jane Goodall, famosa primatologista, conhecida como "Mãe dos Chimpanzés", e me maravilhava com a entrega e dedicação que ela fazia aos seus projetos. Foi pioneira em estudos profundos sobre os chipanzés, em uma área e um mundo dominado por homens ela adentrou com toda sensibilidade, coragem e determinação, e nos deliciou com descobertas fantásticas sobre a vida selvagem. Ela superou seus limites para nos proporcionar conhecimentos fantásticos, inspirar e sensibilizar as pessoas para a importância da vida selvagem e de sua preservação.

Márcia Christina Bernardes Barbosa - Física

Currículo lattes: Possui graduação (1981), mestrado (1984) e doutorado (1988) pela Universidade Federal do Rio Grande do Sul. Atualmente é professora titular da Universidade Federal do Rio Grande do Sul, membro titular da Academia Brasileira de Ciências e da Academia Mundial de Ciências (TWAS). Tem experiência na área de Física, com ênfase em Física da Matéria Condensada, atuando principalmente em água e no uso de suas anomalias para processos físicos e biológicos. Pelo estudo das anomalias da água ganhou o prêmio Loreal-Unesco de Mulheres nas Ciências Físicas e o prêmio Claudia em Ciência, ambos em 2013. Em paralelo, atua em questões de gênero pelo que ganhou a Medalha Nicholson da American Physical Society em 2009. Por sua atuação pela pós-graduação ganhou o Prêmio Anisio Teixeira da Capes em 2016 e por seu trabalho em prol da ciência recebeu em 2018 da presidência da república a Medalha do Mérito Científico como Comendadora e, em 2021, a Medalha Silvio Torres da Fapergs.

1. O que fez você ir para a sua área?

Quando eu era criança, o meu pai eletricista sempre me chamava para ajudar em seus consertos em casa. Ele me explicava como as coisas funcionavam. Meu avô, tipógrafo de formação, consertava rádios na aposentadoria e me mostrava as válvulas e como funcionavam. Mais tarde, na escola pública onde eu estudava, o diretor me pediu para ajudar a montar um laboratório indo à noite trabalhar. Eram incontáveis aventuras no laboratório. Eu queria continuar a vivê-las o resto da minha vida e, assim, decidi estudar física.

2. Como é ser uma mulher na sua área?

Quando entrei no curso de física éramos oito gurias em 80 alunos. Percebi que era uma área muito masculina. Aliás, a universidade naquela época era masculina no poder em todas as áreas. Era um momento de mobilização política, mas as mulheres só distribuíam panfletos, enquanto os homens faziam discursos. Compreendendo o papel fundamental de participarmos em todos os espaços, eu, além de estudar muito nas disciplinas, passei a atuar em comissões e cargos. Fui a primeira mulher presidente do diretório acadêmico da física.

Depois da graduação, veio o mestrado, doutorado, como docente. À medida que subia na carreira, o percentual de mulheres já pequeno na graduação diminuía. Hoje, as mulheres são cerca de 30% na graduação, mas como docentes pesquisadoras somos 13% e como pesquisadoras no topo somente 5%. É uma área na qual quem faz pesquisa tem uma atitude agressiva, tão distinta do treinamento que damos às meninas e jovens. Aliás, um comportamento desnecessário.

Nos comitês, não é raro ser a única mulher na sala. Tenho lutado para esta situação mudar.

3. Há alguma figura feminina da sua área que você admire?

Existem inúmeras grandes mulheres na física. No Brasil, posso citar de uma geração mais antiga, Belita Koiller, Elisa Baggio-Saitovitch, Yvonne Mascarenhas. Entre as pesquisadoras da minha geração, penso em Andrea Latge, Débora Menezes, Denize Zezell, Monica Cotta, Suani Pinho, Marcia Fantini, Elizabeth Andreoli de Oliveira, Vera Henriques, Lucimara Stoltz Roman, Solange Fagan... Da geração mais jovem temos Carolina Brito, Angela Foerster, Katemari Rosa, entre tantas. São profissionais resilientes e de paixão pela ciência.

Sei que estou esquecendo muitos nomes, mas tenho que citar alguns para despertar a curiosidade de quem sejam outras e tantas mulheres que amam a física a ponto de se aventurarem a entrar em um lugar onde as mulheres não são bem recebidas.

Rosaly Mutel Crocce Lopes - Geologia

Currículo lattes: Possui doutorado em Physics – University of London (2006). Tem experiência na área de Geociências, com ênfase em Ciências Planetárias, principalmente geologia dos planetas. Atualmente trabalha na missão Cassini no JPL/NASA.

(Em resposta às três perguntas recebidas por todas)

Eu era fascinada com o programa espacial desde que era criancinha. Cresci com o programa Apollo e realmente queria ser parte dele. Primeiro, eu quis ser uma astronauta, mas naquela época, todos os astronautas eram americanos ou russos, e eu também sabia que tinha uma péssima visão, eu era muito míope. Eu resolvi que teria melhor chance de trabalhar no programa espacial como cientista e decidi me tornar uma astrônoma. Eu fiz tudo que podia para aprender sobre astronomia e espaço, e comecei meu curso de Astronomia na Universidade Federal no Rio de Janeiro. Entretanto, eu queria muito estudar fora, e eu amava a Inglaterra. Então, depois de um semestre na UFRJ, eu fui para a Universidade de Londres. Eu fiz meu curso de astronomia lá, e depois meu doutorado em Geologia Planetária. Eu estava muito interessada em vulcões nesse período. Depois do meu doutorado, eu tive uma oportunidade de vir para o Laboratório de Propulsão de Jatos da NASA como parte do meu pós-doutorado. Era um compromisso de apenas dois anos, mas tive sorte e consegui ser contratada para trabalhar na missão Galileu. Depois disso, fui para a missão Cassini. Agora, sou Cientista-Chefe de Ciência Planetária no JPL (Jet Propulsion Laboratory – Laboratório de Propulsão de Jatos) e minha atual pesquisa é sobre a lua de Saturno, Titã, e a possibilidade que vida possa ter evoluído ali.

Quando era uma criança sonhando com exploração especial, vi uma foto em um jornal do Brasil de Frances "Poppy" Northcutt, uma matemática que trabalhava em Houston em controle de missões. Ela se tornou meu modelo de inspiração. Eu só a conheci pessoalmente em 2019. Ela ficou impressionada em ter inspirado uma garota no Brasil que agora estava no JPL. Nós ainda temos contato.

Quando comecei, como uma estudante jovem da pós-graduação, havia pouquíssimas mulheres na minha área. Não foi uma surpresa, a minha turma de astronomia na Universidade de Londres tinha 31 alunos e apenas quatro mulheres. Não foi diferente da minha educação secundária no Rio de Janeiro, quando eu estava na "turma de engenharia" e a maior parte dela eram garotos. Assim, eu estava habituada a ser uma das raras mulheres em uma sala ou ambiente de trabalho. Eu não prestava muita atenção nisso, pois era simplesmente uma realidade, e eu estava pronta para isso. Eu escolhi estudar em um campo dominado por homens, então não esperei nada diferente.

Eu não me senti discriminada, e sempre senti que, se você fizer o trabalho, as pessoas valorizarão você por isso. Nos últimos 20 anos, tem sido muito agradável ter mais mulheres na minha área. Não parece mais incomum ser uma mulher na ciência. Acredito que mulheres devem apenas se concentrar no trabalho e não se preocupar com os números e proporções de homens vs. Mulheres. Nós somos todos colegas, e eu não trato meus colegas homens de forma diferente das minhas colegas mulheres. No fim, o que importa é o trabalho que você faz.

Simone Maia Evaristo - Biologia

Currículo lattes: Possui graduação em Ciências Biológicas pela Universidade Gama Filho (1990), especialização em Citologia Clínica pela UFRJ (2000) e Mestrado Profissional (UNIRIO). Presidente da Associação Nacional de Citotecnologia (ANACITO), Fellow da Academia Internacional de Citologia (IAC). Atualmente é Bióloga/Citotecnologista atuando como docente do curso de formação Técnica de nível médio de Técnico em Citopatologia - INCA/EPSJV (Fiocruz), docente em pós-graduação na área de Citologia Oncótica. Experiência na área de Morfologia, com ênfase em Citopatologia, atuando principalmente nos seguintes temas: citologia esfoliativa ginecológica e geral.

1. O que fez você ir para a sua área?

A biologia foi como uma inspiração, estava indecisa na profissão que gostaria de atuar, quando observei em uma área cimentada uma plantinha surgindo, achei aquilo inspirador: "a força da natureza". Quanto à citologia, foi literalmente o destino. Nos últimos períodos da faculdade, resolvi estagiar para conhecer em que área iria trabalhar dentro da Biologia, e durante o estágio no laboratório de análises clínicas do hospital militar do exército conheci uma técnica que achou que tinha o perfil para trabalhar com citotecnologia na prevenção do câncer. Eu nem sabia da existência dessa área, ele me indicou o INCA e estou lá desde então.

2. Como é ser uma mulher na sua área?

Essa é uma área que tem o predomínio de mulheres, mas mesmo tendo sua importância, esse trabalhador vive no "anonimato". Não sei se poderia comparar com a situação da mulher na sociedade que não tem seu trabalho valorizado.

3. Há alguma figura feminina que você admire na sua área?

Vou mencionar na área da Biologia, uma microbiologista, Fatima Napoleão, que trabalha na UERJ. Fizemos faculdade juntas e sempre admirei e acompanhei toda sua luta para alcançar seus sonhos e títulos que tem hoje.

Sônia Guimarães - Física

Currículo lattes: Possui graduação em Licenciatura Ciências - Duração Plena pela Universidade Federal de São Carlos, mestrado em Física Aplicada pelo Instituto de Física e Química de São Carlos - Universidade de São Paulo e doutorado (PhD) em Materiais Eletrônicos - The University Of Manchester Institute Of Science And Technology. Atualmente é Professor Associado I do Instituto Tecnológico da Aeronáutica (ITA) do Departamento de Ciência e Tecnologia Aeroespacial (DCTA). Experiência de pesquisa na área de Física Aplicada, com ênfase em Propriedade Eletroóticas de Ligas Semicondutoras Crescidas Epitaxialmente, atuou principalmente nos seguintes temas: crescimento epitaxial de camadas de telureto de chumbo e antimoneto de índio por difusão, processamento, obtenção e caracterização de dispositivos fotocondutores e sensores de radiação infravermelha. Professora de Física Experimental do 1º e 2º anos das engenharias: elétrica, computação, estruturas de aeroportos, mecânica de aviões, aeronáutica e aeroespacial. Tem experiência na área de Ensino de Física aplicando a Metodologia de Aprendizagem Baseada em Problemas/Projetos ABP (PBL em inglês), utilizando as ferramentas computacionais: Tracker, Arduino e Mathematica. E de Ensino de Física Experimental para Engenheiros, com ênfase em ensiná-los a escrever artigos científicos. Palestrante nos temas: incentivo às meninas para optarem por ciências exatas, tecnologias e engenharias em suas carreiras, revolução digital e as profissões do futuro, empreendedorismo, acolhimento, autoconhecimento e foco para alcançar nossos objetivos e realizar nossos sonhos. Luta contra o racismo e discriminação de gênero, e conduz palestras motivacionais para quem está sendo vítima destes crimes. Membra da Associação Brasileira de Pesquisadores Negros – ABPN, Presidenta da Comissão de Justiça, Equidade, Diversidade e Inclusão – JEDI da Sociedade Brasileira de Física – SBF, Conselheira Fundadora da AFROBRAS, ONG mantenedora da Universidade Zumbi dos Palmares, Conselheira do Conselho Municipal Para a Promoção de Igualdade Racial - COMPIR, da prefeitura da cidade de São José dos Campos. T1. PEDIDO DE PATENTE deferido, e CARTA DE PATENTE registrada, portanto, além de cientista, agora é inventora de técnica de produção sensores de radiação infravermelha.

1. O que fez você se interessar pela sua área?

No 2º ano da graduação em física eu comecei a estudar Física Moderna, que tem operadores matemáticos com os quais você faz cálculo que definem por exemplo a luz. Eu sempre gostei muito de matemática, e saber que ela poderia explicar fenômenos físicos me fez me apaixonar pela física.

Neste mesmo ano, comecei a estudar Física do Estado Sólido, onde aprendi sobre semicondutores e tudo que eles podiam fazer. Semicondutores são materiais que podem conduzir ou não conforme você o conecta com eletricidade, e são a base de todos os dispositivos microeletrônicos que existem. E hoje sou doutora em semicondutores. Mas até o 2º ano estava pensando em ir para a Engenharia Civil, pois sou técnica em Edificações.

2. Como é ser uma mulher na sua área?

Ser mulher e negra na física é um desafio, e se para piorar você trabalha em uma instituição militar, masculina e branca, é um inferno. Tenho que matar um leão a cada dia. Eles me odeiam, e querem provar todo dia que sou incompetente, que não sei física, e que sou a pior professora do mundo. A patente que pedi foi aprovada, portanto além de cientista sou inventora. E isto é um fato importante, portanto o reitor do ITA deveria me dar esta patente em um evento importante, a entrega de honra ao mérito Santos Dumont. Pergunte se me convidaram para o evento??? Portanto não fui e até hoje não tenho a carta em minhas mãos...

3. Você tem alguma figura feminina que você admira da sua área?

Admiro todas as mulheres negras na minha área, pois bem sei o que elas passam, e as dificuldades delas todas para alcançarem seus objetivos. Katemari Rosa, professora de física, da Universidade Federal da Bahia, escreveu um livro sobre negras e negros em todas as áreas; Eliade Ferreira Lima, professora de física da Universidade Federal do Pampa (UNIPAMPA) - campus Uruguaiana; Rita de Cássia dos Anjos, professora premiadíssima da Universidade Federal do Paraná no Setor Palotina. Só para citar algumas...

O QUE FOI A ANTIGUIDADE?

Uma das formas para se estudar algo grandioso como a História, sem se perder nas suas várias possíveis direções, é fazer um recorte dela para que suas partes possam examinadas mais a fundo. Uma dessas divisões seria a temporal, ou seja, o recorte da história em diferentes períodos, que começam e terminam com grandes eventos que afetaram a humanidade. Essa divisão não é absoluta, haja vista que ainda há debates entre os historiadores sobre quanto cada período teria durado, porém uma versão conhecida dela seria a seguinte:

- "Pré-História" – 5500000 AEC até 4000 AEC.
- Antiguidade – 4000 AEC até 476 EC.
- Idade Média – 476 EC até 1453 EC.
- Idade Moderna – 1453 EC até 1789 EC.
- Idade Contemporânea – 1789 EC até os dias atuais.

Por uma questão de praticidade, essa divisão será a que utilizarei, embora reconhecendo que as tendências de um período histórico não acabam totalmente quando outro começa e que a História em si nunca poderia ser compartimentada em setores completamente desconexos.

O período da Antiguidade, contemplado neste livro, tem início em 4.000 AEC (Antes da Era Comum), com a criação da escrita na Mesopotâmia, e termina com a queda do Império Romano Ocidental em 476 EC (Era Comum). Esse período é marcado pelo desenvolvimento da agricultura, pecuária e metalúrgica e subsequente transição do modo de vida nômade para o sedentário, com surgimento de núcleos-urbanos e grandes civilizações. As maiores dessas civilizações foram:

- Civilização Egípcia
- Civilização Mesopotâmia
- Civilização Persa
- Civilização Greco-romana (Clássica)
- Civilização Chinesa
- Civilização Hindu
- Civilização Maia

Dentre essas, aquela que costuma receber maior destaque é a greco-romana, vista por muitos estudiosos como "o berço da civilização ocidental". As civilizações chinesas e hindu costumam ser ignoradas quando a Antiguidade é estudada nas escolas, por serem consideradas parte da história "oriental". A maia também não costuma ser contemplada por ser considerada culturalmente "pré-histórica". Neste livro, porém, todas serão consideradas e contempladas como parte da Antiguidade.

Não pretendo me deter em explicar cada uma dessas civilizações para não alongar demais essa porção do livro, pois o propósito dessa seção é fornecer uma visão geral desse período para ajudar a contextualizar as porções mais específicas que veremos dele ao longo dos capítulos. Em vez de explicar todo o desenvolvimento de cada uma dessas civilizações, fornecerei uma síntese do que elas tinham em comum:

I. Predominantemente, elas se desenvolveram perto de rios por conta do fácil acesso à água e fertilidade do solo às margens dos rios. O Egito tinha o Nilo, a Mesopotâmia tinha os rios Tigre e Eufrates, a China tinha os rios Huang-ho e Yang-tsé, e a Índia tinha o Punjab (vale dos rios).

II. Predominantemente, seus governos eram monarquias, regidas por reis e imperadores.

III. Em alguns casos, como na Mesopotâmia, na civilização Hindu e na civilização Maia, essas civilizações eram compostas de cidades-estados, que tinham seus próprios governos, mas compartilhavam alguns aspectos culturais.

IV. A maioria das suas religiões era politeísta. No caso dos egípcios, mesopotâmios, chineses, hindus e maias, seus governantes eram considerados seres divinos, o que reforçava a autoridade deles.

V. Religiões eram uma parte muito importante da vida das pessoas dessa época. Elas motivaram a construção de estruturas arquitetônicas grandiosas (como templos e pirâmides), o desenvolvimento de correntes filosóficas (como o budismo), e o surgimento de invenções como calendários, perfumes etc.

VI. A maioria dessas sociedades tinha uma economia, predominantemente, agrária, embora também houvesse comércio nelas, inclusive entre diferentes povos.

VII. Por conta da preponderância de sociedades monárquicas e feudais, havia pouquíssima – em alguns casos, nenhuma – mobilidade entre classes sociais. A divisão de classes era bem similar em todas essas civilizações. No topo, ficavam os governantes. No meio, ficavam classes como aristocratas, soldados, sacerdotes e artesãos. Abaixo de todos esses, ficavam os camponeses, os servos e os indivíduos escravizados, que costumavam ser a maioria da população.

VIII. Havia muita disputa por territórios e pelo trono. Guerras, revoltas e invasões eram frequentes.

Com essa visão geral dos povos da Antiguidade estabelecida, trataremos especificamente dos desenvolvimentos da ciência nesse período no próximo capítulo.

CIÊNCIA NA ANTIGUIDADE

A Antiguidade foi um período de muitas descobertas, motivadas pelo estabelecimento de grandes civilizações. Os homens eram os principais estudiosos na maioria das áreas, porém as mulheres ainda puderam participar amplamente de algumas como astronomia, química e medicina.

Seria uma tarefa praticamente impossível sintetizar todas as contribuições científicas das civilizações da Antiguidade em um único capítulo, e essa não é minha intenção aqui. Quero apenas falar um pouco das principais áreas da ciência que foram desenvolvidas nesse período para que saibamos dentro de que contexto acadêmico as mulheres desse livro fizeram suas contribuições.

1. Matemática

Há indícios de que os povos considerados "pré-históricos" conseguiam contar, pelo menos até certa quantidade. Essa era uma matemática bastante simples e limitada em seus usos. Na Antiguidade, com o advento das grandes civilizações, houve a necessidade do desenvolvimento de sistemas numerais que permitissem a especificação de grandes quantidades e a realização de diferentes operações.

Segundo o Instituto Pelo Avanço da Ciência, a Mesopotâmia foi, provavelmente, o primeiro lugar onde símbolos foram associados a valores numéricos, para que grandes quantidades fossem expressas de forma mais simples. Ao desenvolverem sistemas numéricos, a Mesopotâmia e outras grandes civilizações também puderam desenvolver geometria, aritmética, álgebra e engenharia. Esses ramos da matemática tiveram diversas utilidades.

A geometria e a álgebra foram utilizadas, por exemplo, para a construção de grandes monumentos como pirâmides e zigurates. A aritmética foi importante para a organização da economia, possibilitando a existência de um sistema tributário e o desenvolvimento do comércio. No caso da engenharia, destaca-se a construção de diques, canais de irrigação, e outras estruturas importantes que permitiram o desenvolvimento da agricultura e da vida urbana. A matemática também era utilizada, em combinação com a astronomia, para o desenvolvimento de calendários complexos.

Várias das descobertas desse período foram cruciais para a evolução da matemática, particularmente da geometria. Por exemplo, o teorema de Tales e o de Pitágoras, que foram desenvolvidos na Antiguidade, são utilizados ainda hoje. Outras descobertas importantes usadas até hoje seriam: as quatro operações aritméticas (adição, subtração, multiplicação, divisão), tabuadas, raiz quadrada, raiz cúbica, unidades de medidas e o número zero.

2. Física

Houve muitos ramos da Física estudados na Antiguidade, apesar de ela só ter se estabelecido como a ciência que conhecemos hoje séculos depois. Ideias pioneiras que surgiram nesse período foram desenvolvidas e compreendidas posteriormente. O atomismo[1], por exemplo, é uma noção que surgiu nessa época, mas só veio a ser compreendida séculos depois.

O campo da astronomia, em particular, foi muito influente para a vida das antigas civilizações. O estudo dos corpos celestes era feito com a finalidade de que as sociedades antigas entendessem seus ciclos, previssem eventos cósmicos, e organizassem suas vidas em torno deles. Muitos deuses antigos eram baseados no Sol, na Lua, nos planetas, o que conferia uma importância religiosa ao estudo do cosmos. Por conta disso, descobertas astronômicas importantes foram feitas por essas civilizações. Por exemplo, foi a partir da Antiguidade que se propôs a existência de um sistema solar, que eclipses começaram a ser compreendidos e que se descobriu que a Terra era redonda.

---

1 Atomismo – Doutrina filosófica, formulada no século V AEC, que postulava que os elementos básicos da realidade eram compostos por partículas de matéria indivisíveis e indestrutíveis. Os experimentos de Einstein, Jean Perrin e outros cientistas no século 20 providenciaram evidências significativas para uma teoria atômica moderna, que é bem aceita entre a comunidade científica atualmente.

A mecânica foi outra área muito desenvolvida. Ela não era ainda a mecânica de Newton, porém era um começo do que ela viria a ser. Como foi dito, com o crescimento das civilizações, houve a necessidade do desenvolvimento de instrumentos que aumentassem a produção agrícola e facilitassem a vida urbana. Assim, a relação entre forças e movimentos passou a ser estudada, levando à criação, por exemplo, de rampas e alavancas. Além disso, como o controle dos recursos hídricos era muito importante, houve avanços significativos na área da hidrodinâmica, que teve Arquimedes como um importante pioneiro.

3. Biologia

Desde o começo da civilização, foi importante para a humanidade entender como seus corpos funcionavam para que pudessem sobreviver a ferimentos e mazelas. Um estudo de Hardy et al em 2012 encontrou evidências de Neandertais que cozinhavam plantas para usar como alimentos e remédios. Além disso, há esqueletos que demonstram o cuidado médico que membros dessas comunidades recebiam:

> Alguns esqueletos exibiam fraturas curadas e deformidades que deviam causar dificuldade em andar, dor crônica e doença articular degenerativa. A sobrevivência após uma lesão traumática sugere alguma forma de tratamento, apoio e cuidado durante a cura e convalescença (MAGNER, 2005, p. 7).

Além do propósito medicinal, a compreensão de características de animais e plantas se revelou importante para a alimentação desses povos, principalmente depois que esses se tornaram sedentários e desenvolveram sua agricultura e pecuária.

Em diferentes civilizações, havia muitos usos práticos e importantes de conhecimentos de biologia. Os egípcios fizeram importantes descobertas anatômicas por conta do embalsamento das múmias. Os chineses tinham avançados conhecimentos entomológicos, motivados pelo seu uso do bicho-da-seda. Os babilônios tinham conhecimentos de veterinária. Várias civilizações tinham a figura da parteira, que possuía um papel importante na ginecologia, obstetrícia e na saúde feminina de modo geral.

É importante constar, entretanto, que medicina e misticismo frequentemente se misturavam na Antiguidade. Como nos diz Magner (2005, p. 22) "Além de ervas, partes e produtos de animais, e minerais, remédios populares incluíam encantamentos, feitiços, orações, relíquias, amuletos e imagens de deuses ou santos."

Na Mesopotâmia, por exemplo, acreditava-se que doenças eram castigos dos deuses e, além dos cuidados com remédios, também era considerado importante que se fizesse uma "cura espiritual". De acordo com Magner (2005, p. 28):

> A separação dos aspectos mágicos e empíricos da medicina é um desenvolvimento muito recente. Logo, não é surpreendente que pacientes mesopotâmios considerassem prudente atacar a doença com uma combinação de magia e medicina. Um curandeiro que fosse tanto um sacerdote quanto um médico podiam aumentar a eficácia das drogas ao recitar encantamentos apropriados. Embora o curandeiro precisasse de algum conhecimento de anatomia e de medicamentos, o conhecimento preciso em rituais mágicos era mais importante porque erros nesse departamento poderiam alienar os deuses.

A vida e a natureza são cheias de mistérios até hoje. Logo, não é adequado julgar os povos da Antiguidade por acreditarem em coisas que nos parecem absurdas após séculos de conhecimento acumulado. Embora os povos da Antiguidade tivessem algumas crenças sobre a natureza que soariam absurdas atualmente, eles ainda fizeram descobertas importantes que possibilitaram a perpetuação da humanidade.

4. Química

Aquilo que consideramos como "química" atualmente foi estabelecido aproximadamente no século dezessete, como uma evolução científica da alquimia, que existia desde a Antiguidade. Não à toa a palavra "química" se derivou de "alquimia".

Os experimentos e teorias da alquimia misturavam ciência e misticismo. Em alguns casos, alquimistas acreditavam que seus valores pessoais e sua religião podiam afetar o resultado dos seus experimentos.

Mesmo com todo o misticismo em torno desse assunto, houve muitas descobertas importantes da química nesse período. Como nos diz Partington (1989, p. 15):

> Várias substâncias químicas, como os óxidos de cobre, ferro e zinco; os sulfatos de cobre e ferro; sulfuretos de arsênico e mercúrio; e produtos vegetais e animais, incluindo tinturas, eram conhecidos no Período Clássico e, junto com algumas operações químicas simples como o trabalho com metais e ligas, douração através de soluções (amalgamas) de ouro em mercúrio, e testar ouro e prata para pureza, são descritos nas escritas de Dioscórides (60 AEC), Plínio o Velho (23-79 AEC, o autor da famosa História Natural em 37 livros), * e Galeno. Mesmo mais cedo que isso, nós encontramos Teofrasto (315 EC) descrevendo algumas operações químicas simples [...]

Além de seu uso na alquimia, as antigas civilizações utilizavam química para fazer metalúrgica, criar tinturas, cosméticos, cerveja, medicamento e perfumes. Em relação a esses três últimos itens, sabemos que mulheres eram as principais responsáveis em produzi-los, o que nos mostra a presença delas na química desde os seus dias iniciais. Inclusive, houve uma que... Não, não vou dar *spoilers*, mas saibam que vamos voltar para esse assunto em um dos capítulos biográficos desse livro.

MULHERES NA ANTIGUIDADE

Como viviam as mulheres da Antiguidade? Essa é a questão que esse capítulo pretende responder. Claro, seria impossível contemplar todos os aspectos pertinentes às mulheres nesse resumo sobre diferentes civilizações. São anos e anos de história, cheios de vários eventos e aspectos complexos. O que pretendo fornecer é uma breve visão geral sobre o tratamento das mulheres nas grandes civilizações para que se entenda em que condições sociais as figuras femininas desse livro realizaram seu trabalho.

1. Egito

O Egito Antigo era um lugar curioso se tratando de como suas mulheres viviam. Ele não era completamente livre de visões sexistas ou de limitações para elas, mas ainda lhes concedia um amplo número de direitos e liberdades, que demoraria muito a ser alcançado pela maior parte da Europa e que, infelizmente, ainda não existe em alguns lugares até hoje.

Como em muitas culturas antigas, as egípcias assumiam as responsabilidades domésticas e recebiam uma educação menor do que a dos homens. A maioria delas, independentemente de sua classe, não sabia ler ou escrever – o que torna um pouco irônica a existência de uma deusa da escrita e guardiã dos escritos reais chamada Seshat.

Com raras exceções, cargos políticos não eram ocupados por mulheres. O título de faraó deveria ser passado de pai para filho. Assim, dentre mais de 100 faraós, apenas quatro foram confirmadamente pessoas do sexo feminino: Esquemíofris, Hatshepsut, Nefertiti e Cleópatra. Segundo Baines e Málik:

> As mulheres não possuíram nenhum título importante, sem contar alguns relacionados ao sacerdócio, e, fora alguns membros da família real e as soberanas reinantes, tiveram pouco poder político. Seu título mais comum era, "senhora da casa", um título de respeito que significa apenas algo mais que "Senhora".
> (BAINES; MÁLIK, 2008, p. 205)

Tratando-se das suas representações culturais, mulheres eram retratadas como inferiores aos seus maridos nas produções artísticas do Antigo Egito. Como nos diz a historiadora Barbara Watts:

> De acordo com outra convenção artística, a figura mais importante em uma cena ou um grupo de estátuas deveria ser a maior delas. O fato de que a esposa era normalmente retratada como bem menor na escala do que o seu marido, não seria porque ele era mais alto e não seria apenas porque ele era o dono da tumba, mas um indicativo da sua importância relativa a ele. Há exceções a essas convenções, especialmente entre as damas da família real que, presumivelmente por conta de seu status de realeza, conseguiram representação igual à dos seus maridos. (WATTS, 2013)

Nas produções artísticas e em documentos sobreviventes do período, podemos perceber certas visões de gênero negativas que ainda hoje são perpetuadas. A velhice era considerada admirável no homem, mas não na mulher. Era importante que a mulher se arrumasse para o homem, mas o inverso não era esperado. Havia também os estereótipos de que mulheres eram fofoqueiras, infiéis, vaidosas, emotivas e estúpidas. O sacerdote Ankhsheshonq escreveu, em algum período entre os anos 300 e 50 EC, os seguintes conselhos para o seu filho: *"Deixe sua esposa ver sua fortuna, mas não a confie com ela. Nunca mande uma mera mulher em um negócio para você – ela vai atender ao dela primeiro. Nunca confie na sua mulher – o que você disser para ela irá direto para as ruas. Instruir uma mulher é como ter um saco de areia com um rasgo no lado. Não se vanglorie da beleza da sua mulher – o coração dela é do seu amante."*

No entanto, as mulheres do Egito definitivamente não estavam em uma situação ruim, comparando-se às mulheres de outras civilizações da Antiguidade.

> Na sociedade do antigo Egito, uma mulher recebia direitos legais iguais aos de um homem da mesma classe social e tinha a mesma expectativa de vida. Tal consideração por mulheres era rara em outras sociedades antigas. O Egito faraônico não era uma sociedade exclusivamente dominada por homens na qual

mulheres eram consideradas apenas máquinas de reprodução ou animais de carga. Em vez disso, era uma na qual era permitido que elas exercessem um grau de liberdade e, em alguns casos, de influência, além dos confins da sua casa. (WATTS, 2013)

No Egito, a propriedade de terras era geralmente passada de mãe para filha e, segundo Watts, proporcionalmente, mais delas tinham terras do que as mulheres possuem no mundo atual. Watts acha que a motivação para isso seria porque só se pode ter certeza de quem foi a mãe de uma criança, não seu pai. Por conta dessa ideia, geralmente, um homem egípcio se descrevia usando o nome da sua mãe, ex: Baba, filho de Reonet.

A posse de propriedades também costumava significar a capacidade de administrá-las, o que conferia a mulheres poderes econômicos, independência e liberdade.

> A independência econômica e os direitos à propriedade dadas para as mulheres do Egito faraônico, junto com seu status legal de serem iguais aos homens aos olhos da lei, asseguraram que elas teriam bastante liberdade social. Elas podiam sair livremente, com o rosto descoberto, diferentemente das mulheres da Grécia Antiga, que não apenas eram obrigadas a cobrir a cabeça com decoro, mas que também, pelas leis de Solon, chefe magistrado de Atenas em 594 AEC, não tinham permissão para sair à noite sem uma tocha acesa carregada na frente delas, ou sair de casa carregando mais de três peças de roupa, e que eram guardadas dentro de casa por acompanhantes e, às vezes, por eunucos ou homens idosos. (WATTS, 2013)

Diferentemente das mulheres de Atenas, as egípcias não precisavam ficar confinadas em parte alguma das suas casas. Havia "quartos de mulheres" em casas maiores, porém não era esperado que elas permanecessem neles.

Segundo Herodotus, um viajante grego que foi para o Egito em aproximadamente 450 AEC:

> Os egípcios, nas suas maneiras e costumes, parecem ter invertido as práticas comuns da humanidade. Por exemplo, mulheres frequentam o mercado e estão empregadas no comércio, enquanto homens ficam em casa e tecem.

De fato, as camponesas do Egito, maior parte da população feminina, realizavam as tarefas domésticas, ajudavam no trabalho no campo e levavam seus produtos para serem vendidos no mercado. No caso de mulheres de classes sociais mais elevadas, eram os seus servos que faziam os serviços domésticos, com homens sendo os responsáveis pela tecelagem e a lavagem de roupas.

Tratando-se de seus direitos, a mulher egípcia era considerada legalmente capaz. Casada ou não, ela não precisava de um guardião, respondia por si própria, e podia ter posse de propriedades, podendo contestar legalmente se seus parentes homens quisessem se apropriar delas. Elas podiam se divorciar sem grandes problemas, adotar filhos sob o seu nome e viajar livremente. Mesmo sob o governo dos gregos, que trouxe alguns retrocessos nesse sentido, mulheres egípcias continuaram usufruindo de amplas liberdades e fazendo parte de negócios.

Não à toa, uma frase escrita em homenagem à deusa Isis em um papiro diz "Você fez o poder para mulheres ser igual ao poder para os homens".

Na mitologia egípcia, havia deuses e deusas. A mais popular das deusas era Isis, venerada por homens e mulheres. Ela era representada como uma companheira fiel de Osiris e mãe de Horus, mas ocasionalmente também como uma figura perspicaz, com grandes habilidades mágicas. Essa dualidade do papel de mãe e esposa ideal e de alguém com suas próprias habilidades e propósitos parece-me bem representativa da situação das mulheres no Antigo Egito.

2. Mesopotâmia

A civilização Mesopotâmia teve algumas rainhas, contudo, em geral, foi pouco avançada se tratando dos direitos das suas mulheres.

Tradicionalmente, garotas entre 14 e 20 anos eram dadas em casamento para homens geralmente mais velhos, como parte de uma transação entre o noivo e seu pai (ou outro membro da sua família). O homem da família da noiva que recebia uma compensação em prata por ela – há indícios de que esse valor seria equivalente ao preço de uma escrava – e podia fazer um acordo com o noivo sobre os termos do casamento. Alguns dos possíveis termos negociados para um casamento seriam: A) O marido pode adquirir outra esposa se nenhuma criança nascer. B) O marido tem o direito de adquirir uma concubina. C) O homem pode degradar a sua esposa e promover sua concubina.

Mulheres não tinham voz nesse processo. Segundo M. Stol (1995), "Quanto mais pobres eram os pais da garota, mais o casamento parecia realmente uma venda". Havia, inclusive, o conceito de "adoção matrimonial", no qual garotas eram vendidas por valores menores do que o normal, como "irmãs" ou "filhas" de um homem, que teria o direito de, posteriormente, casá-las ou se casar com elas.

A virgindade feminina deveria ser preservada até casamento. Descobrir que sua esposa não era virgem era um motivo justificável para um homem se separar dela. A mesma regra não se aplicava a ele. Na verdade, muitas das regras conjugais não eram as mesmas para homens e mulheres.

Na Babilônia, por exemplo, quando um homem queria se divorciar, ele deveria simplesmente pagar uma multa, enquanto as mulheres podiam ser jogadas no rio por fazerem o mesmo. Se um homem "preferisse uma nova esposa", ele deveria pagar uma multa. Se uma mulher "fosse descoberta com outro homem", ela deveria ser morta com uma adaga de ferro ou jogada no rio.

Apesar do divórcio ser mais fácil na Assíria, analisando a Mesopotâmia como um todo, Stol declara que:

> Nossa conclusão é que, em princípio, deixar seu marido não era permitido a uma mulher casada, mas aos pais poderosos que podiam ditar outras condições para as suas filhas, em todos os períodos. (STOL, 1995)

Viúvas, segundo Stol, eram "símbolos da vulnerabilidade social", por dependerem daquilo que tinha sido deixado por seus maridos, cuja propriedade elas gerenciavam até seu filho mais velho poder assumi-la.

Em relação à viuvez, Stol sintetiza:

> A jovem viúva retorna para a casa dos seus pais, uma mãe com filhos permanece na casa, e uma viúva mais velha vai viver com seu filho crescido. (STOL, 1995)

Mulheres podiam receber uma parte do dote de casamento separada para elas ou presentes do seu pai ou marido, e usar esses bens para fazer negócios e comprar imóveis. No entanto, elas não costumavam receber uma herança e, na maioria das vezes, dependiam dos homens da sua família para tomarem conta delas financeiramente.

Elas tinham um papel doméstico e algumas também trabalhavam, principalmente em ramos que pudessem ser uma extensão das atividades domésticas (como cozinhar e costurar) ou em que pudessem fazer parceria com os seus maridos (comércio). Alguns empregos comuns disponíveis para mulheres eram de tecelã, parteira, atendente de bar e prostituta. Importante constar que há registros de escribas mulheres, embora esses sejam raros. Em geral, em todas as profissões, elas tendiam a receber metade do que suas contrapartes masculinas ganhavam.

Em conclusão, a Mesopotâmia era um lugar em que mulheres tinham pouca influência socioeconômica. Elas dependiam consideravelmente do poder aquisitivo e da generosidade dos homens da sua família para terem uma vida confortável. Como diz Stol:

> A liberdade de uma mulher era limitada, e mais ainda se ela ou seus pais fossem pobres. Filhas de famílias ricas em todos os períodos, por outro lado, podiam se envolver em grandes negócios e assumir responsabilidades. As condições estipuladas nos contratos de casamento refletiam as posições sociais das duas partes. Algumas regras, no entanto, aplicavam-se a todas as mulheres: em princípio, ela não podia receber herança e ela não poderia agir como testemunha. Certos desenvolvimentos mitigaram seu status de dependência. [...] Essas melhorias beneficiaram apenas mulheres de famílias ricas. A existência das comuns permaneceu, em grande parte, inalterada. (STOL, 1995)

3. Pérsia

Acredita-se que nos primórdios da Pérsia, muito antes que ela se tornasse uma civilização grandiosa, seus habitantes viviam em uma sociedade matriarcal que teve seu auge em aproximadamente 4000 AEC. Segundo Will Durant:

> Durante essa era matriarcal, mulheres estavam encarregadas de reger, julgar, conduzir assuntos de família, distribuir comida, roupas e outras necessidades da vida. Os homens caçavam e juntavam a comida das selvas e fazendas, que eles entregavam por completo para a matriarca, para distribuição. As diferenças físicas entre os sexos, óbvias no presente, não eram perceptíveis naqueles dias. Essa diferença se tornou um fator apenas mais tarde, resultante de condições ambientais e de vida. Nesses dias antigos, mulheres eram pouco diferentes dos homens em força física e estatura. Como resultado das suas condições de vida, elas se tornaram fortes e eram capazes de fazer trabalho árduo por longas horas. Ademais, ao lado dos homens, elas tomavam parte em enfrentar os inimigos. (DURANT, 1997)

Essas origens da Pérsia influenciaram seu desenvolvimento, mesmo quando o governo passou a ser patriarcal, após o estabelecimento dos medos na região, no século 07 AEC. Conforme nos diz Diakonoff (1956, citado por BAHRAMI, 1994, p. 27):

> Durante a dinastia Meda, a filha do rei, assim como seu genro, podia herdar o seu trono, e enquanto o patriarcado substituiu o matriarcado, mulheres ainda mantiveram suas responsabilidades sociais, legais, assim como familiares, com os seus direitos apenas ligeiramente reduzidos.

O zoroastrismo, religião persa que surgiu aproximadamente no mesmo período, contribuiu para que a igualdade de homens e mulheres fosse mantida na Pérsia antiga. De acordo com os princípios dessa religião, homens e mulheres tinham sido criados iguais pelo deus Ahura Mazda, que disse para os dois primeiros humanos (Mashieh e Mashianeh): "vocês são o pai e a mãe das pessoas desse mundo. Eu criei vocês corretos e completos. Usem suas palavras, seus pensamentos e suas ações propriamente e não venerem espíritos malignos".

Nessa religião, o seu caráter e sua sabedoria, não o seu gênero, são os fatores que determinam seu valor como pessoa. Homens e mulheres são reconhecidos como igualmente capazes de ser pios e íntegros. Além disso, o casamento deve ser monogâmico e uma parceria entre duas pessoas que devem dedicar igual esforço ao relacionamento.

Em relação a uma desvalorização das mulheres na Pérsia Aquemênida, seus indícios mais significativos seriam as mulheres estarem ausentes nos relevos palacianos de Persépolis, que deveriam representar o ideal do Império, e a diferença na quantidade de vinho e cerveja recebido de recompensa pelo nascimento de um garoto, o dobro em comparação à quantidade recebida por uma garota.

Entretanto, nesse período, mulheres ainda gozavam de muitos direitos, podendo ter propriedades, pedir divórcio e receber heranças e pensões. Mães que trabalhavam eram poupadas de trabalhos que demandassem viagens ou turnos maiores e grávidas recebiam um período de folga remunerada.

A redução mais significativa dos direitos das mulheres ocorreu no período do Império Selêucida (321 – 63 AEC), por conta da presença grega na região e consequente influência da cultura helenística. Esses direitos, no entanto, foram revitalizados depois que o zoroastrismo se tornou religião oficial no Período Sassânida (226 – 642 EC). Como diz TS Bahrami (1994), nesse período, "Ninguém, nem mesmo o rei poderia molestar ou, de outro modo, impor sua opinião em uma mulher".

Eis alguns direitos dos quais elas usufruíam:
- Casar com quem quisessem sem serem punidas pelos seus pais.
- Processar seu marido se fossem maltratadas por ele.
- Receber uma pensão após o divórcio – desde que elas não casassem novamente ou obtivessem sua própria fonte de renda.

- Agir como sua própria pessoa legal.
- Ser admitida em julgamentos como testemunha e como mediadora em conflitos.
- Receber parte da herança do pai ou marido após sua morte.
- Ter e gerenciar propriedades.

Em relação à sua educação, meninas podiam frequentar a escola e não eram desencorajadas disso . No *Avesta*, literatura sagrada escrita pelo profeta Zoroastra, está escrito "Oh, Azura Mazda, dê-me uma criança capaz de cumprir seus deveres em relação à sua casa, família, cidade, e país", sem uma especificação de gênero. Há registros que confirmam a existência de mulheres bem-educadas nesse período, como professoras e escribas.

Em síntese, por conta das suas origens matriarcais e da crença no zoroastrismo, uma religião que reconhece a igualdade de gênero, a Pérsia conferiu grandes direitos e liberdades para as suas mulheres durante a maior parte da Antiguidade, sendo uma das civilizações mais avançadas nesse aspecto.

4. Grécia

Assim como na cultura cristã se justificou a discriminação às mulheres pelo erro de Eva, que fez o homem ser expulso do paraíso, na cultura grega, mulheres eram consideradas as descendentes de Pandora, que teria aberto a caixa que soltou todos os males e desgraças que acometeriam a humanidade. Esse mito seria uma justificativa para uma sociedade que se organizou de forma patriarcal.

Dito isso, é importante constar que havia diferenças significativas no modo como mulheres eram tratadas em diferentes cidades-estados. Comentarei aqui sobre os casos marcadamente distintos de Atenas, Esparta e Lesbos.

Em Atenas, a mulher era percebida como um instrumento para a reprodução. Apesar de ser conhecido como o berço da filosofia, da democracia, da civilização ocidental, Atenas era um dos piores lugares da Antiguidade em relação ao tratamento conferido para as suas mulheres.

Além da justificativa do mito de Pandora, filósofos como Aristóteles e Demócrito contribuíram ideologicamente para diminuir as mulheres aos olhos da sociedade.

Para Aristóteles, mulheres eram naturalmente inferiores aos homens e sempre seriam assim, independentemente da sua idade. Por isso, era importante que elas sempre obedecessem aos homens da sua família e não se envolvessem em política. Ele acreditava que mulheres eram "completamente inúteis e traziam mais confusão do que o inimigo". Demócrito, por sua vez, reforçava a visão da mulher como uma simples fonte de prazer carnal para o homem.

As garotas atenienses cresciam dentro do *gineceu*, uma área da sua casa onde elas ficavam restritas. Sua vida era de grande reclusão e de completa submissão. Elas não tinham poderes legais e precisavam ser representadas sempre por seu pai, marido, filho mais velho, ou outros parentes homens. Elas também não podiam herdar ou gerenciar propriedades. Sua educação era voltada exclusivamente para tarefas domésticas, ensinadas pela sua mãe. Muitos filósofos defendiam que suas mentes inferiores não seriam capazes de aprender o conteúdo ensinado aos homens. Também era considerado inapropriado que elas participassem de atividades esportivas. A virgindade era muito valorizada, sendo um traço importante em deusas como Atena e Ártemis, portanto meninas gregas cresciam com um grande senso de decoro, afastadas dos homens.

Garotas eram casadas muito jovens, geralmente aos treze, quatorze anos. Esse arranjo era feito pelo seu guardião, que era seu pai ou outro parente homem, caso o pai estivesse morto. Ele dava um dote por ela que podia ser devolvido no caso de divórcio. Entretanto, o divórcio só era possível para uma mulher se ele fosse solicitado pelo guardião da família dela.

Ao se casarem, as meninas continuavam no *gineceu*, somente saindo com um acompanhante apropriado, preferencialmente com um homem da sua família. Esse isolamento e vigilância das mulheres era uma forma de garantir que a linhagem de um indivíduo era realmente dele.

Segundo William J. O'Neal (1993), as expectativas para uma esposa ateniense eram de que ela

> ficasse grávida, tivesse filhos, fosse discreta, praticasse o autocontrole, gerenciasse a casa, supervisionasse os escravos, e fosse apta a tecer e ensinar aos escravos a arte da tecelagem. Ela deve tomar conta dos doentes da casa, manter a casa ordenada, mostrar total e imediata obediência ao seu marido, e fazer seus exercícios diários através do trabalho na casa (O'NEAL, 1993).

Havia algumas exceções. As cortesãs, prostitutas e concubinas podiam receber uma educação superior, conviver com homens e participar de discussões políticas. Mulheres de classes sociais inferiores podiam se juntar à força de trabalho, como costureiras e parteiras, por exemplo, e circular mais livremente. Ainda assim, não se pode desconsiderar que o ideal de mulher ateniense era uma esposa e mãe calada, completamente obediente ao marido, confinada em casa. Esse ideal motivou as condições socioeconômicas às quais elas eram submetidas.

Na militarista Esparta, as mulheres também eram vistas sob uma óptica reprodutiva, como aquelas que deveriam gerar os filhos da sociedade. Entretanto, diferente de Atenas, acreditava-se na capacidade delas de serem fortes e inteligentes. Além disso, defendia-se que elas terem essas qualidades seria importante para que pudessem gerar filhos virtuosos e fortes.

As garotas espartanas, apesar de serem educadas por suas mães em casa, recebiam o mesmo treinamento físico dos meninos, exceto pela parte militar da educação deles. Alguns dos esportes praticados por meninas eram luta, corrida e hipismo. A sua educação também continha música, dança e poesia.

Espartanas eram livres para participarem de eventos junto aos homens e não ficavam reclusas em suas casas. Elas usavam roupas no joelho ou até mais curtas. Não havia uma preocupação tão grande em se manter o decoro das mulheres e era considerado socialmente aceitável que elas se envolvessem com outros homens além do seu marido. Ter muitos filhos, fosse com o marido ou com amantes, era algo importante para a sociedade espartana.

Curiosamente, apesar de toda essa cultura valorizando a procriação, uma mulher espartana geralmente só se casava ao concluir sua educação, aproximadamente entre os 18 e 20 anos, e era socialmente aceitável para ela ter uma amante do mesmo sexo.

Por conta da ida dos homens para guerras, elas frequentemente eram as responsáveis em administrar propriedades e negócios. Elas, inclusive, podiam ter e herdar propriedade. Segundo Paul Cartledge:

> Herdeiras em Esparta – isso é, filhas sem irmãos legítimos do mesmo pai – eram chamadas de *patrouchoi*, o que quer dizer literalmente 'detentoras do patrimônio', enquanto em Atenas, elas eram chamadas de *epikleroi*, que significa 'com (vão com) o *kleros* (loteamento, lote, porção)'. As atenienses *epikleroi*, portanto, serviam apenas como veículo para transmitir a herança do pai para o próximo dono e herdeiro homem, isso é: para seu filho mais velho, o neto do seu pai, enquanto as *patrouchoi* espartanas herdavam por direito próprio. (CARTLEDGE, 2004)

Geralmente, as tarefas da casa como costurar, limpar a casa e cuidar de crianças eram realizadas por mulheres hilotas (uma classe subjugada pelos espartanos). Os deveres das espartanas eram predominantemente administrativos.

Em geral, elas tinham mais poderes, direitos e liberdades do que as atenienses porque seu papel social como mãe era muito respeitado em vez de considerado uma mera obrigação delas.

Plutarco conta uma estória muito interessante sobre essa diferença cultural. Segundo ele, quando a esposa do rei Leonidas de Esparta, Gorgo de Esparta, foi questionada "Por que vocês, mulheres espartanas, são as únicas mulheres que mandam nos seus homens?", a resposta dela foi "Porque nós somos as únicas mulheres que parem *homens*".

Em Lesbos, que era mais um ambiente artístico do que militarista, mulheres também tinham liberdades. Elas eram educadas e podiam participar do convívio social, fazendo contribuições culturais. Não à toa, essa ilha foi a origem de Safo de Lesbos, uma das poetisas mais renomadas da Antiguidade. Mitchell Carroll nos diz:

> A cultura eólia era marcada por sua devoção à música e à poesia e pela riqueza e voluptuosidade. Em nenhum outro tempo ou local em toda a história de Hélade, uma mulher possuiu tanta liberdade e aproveitou todos os benefícios da riqueza e da cultura em grau tão marcado quanto entre os povos eólios de Lesbos. (CARROLL, 2018)

Em síntese, o sexismo da sociedade grega clássica não era uniforme, mas a influência da cultura ateniense, a mais opressiva em relação às suas mulheres, deixou um impacto considerável na sociedade como um todo. Eis por que quando os gregos iam para regiões como Egito e Pérsia, onde mulheres tinham mais direitos e liberdades, elas eram afetadas pela influência repressora deles.

5. Roma

A vida de uma menina romana começava com submissão absoluta à vontade de um homem. Após o seu nascimento, uma garota recém-nascida era exposta aos pés do seu pai e ele podia decidir se ela viveria ou não. Se ele apanhasse a criança nos braços, ela se tornaria parte da família. Se ele a deixasse no chão, ela deveria ser abandonada no rio ou deixada para morrer de fome.

Esse costume de exposição das crianças ocorria, principalmente, quando nascia uma garota ou um garoto que parecesse fraco. Muitas morriam por conta disso, o que acabou causando um declínio na população romana, particularmente entre a aristocracia. Ainda assim, esse costume não foi encerrado.

Na sociedade patriarcal romana, a autoridade do pai sobre seus filhos, particularmente suas filhas, era absoluta. Conforme nos diz Flannery:

> O pai era o mestre absoluto da mulher quando garota, o marido era mestre dela quando esposa. O pai podia matar crianças deformadas, punir sua prole como desejasse, vendê-los como escravos e, em alguns casos, até ordenar a sua morte. Se ele desse qualquer parte da sua propriedade para outros, seus filhos não poderiam reclamá-la como parte da sua herança. (FLANNERY, 1920)

O pai era o guardião das meninas até o casamento, quando esse papel passava a ser do marido. Mulheres não podiam agir legalmente ou financeiramente, sendo dependente primeiro do seu pai e depois do seu marido para tais questões. Elas podiam ter propriedades, mas não podiam gerenciá-las porque não eram consideradas capazes de fazer os julgamentos necessários para isso.

Em relação à sua educação, meninas geralmente eram educadas para serem boas mães para os meninos romanos. Diferentemente da visão ateniense, que achava que mulheres não deveriam se envolver com a educação de meninos, as romanas eram consideradas parte importante da formação deles, tendo o dever de educá-los sobre a cultura romana. Além dos afazeres e prendas domésticas, elas aprendiam a ler e escrever. Algumas também aprendiam literatura e filosofia, embora isso não fosse muito comum ou socialmente aceito.

Por conta da importância que se atribuía à virgindade feminina, garotas eram casadas o mais cedo o possível, às vezes antes mesmo dos 12 anos. Esse arranjo era feito entre o pai dela e o pai do noivo, sem a necessidade do seu consentimento. Uma vez casadas, elas seriam subservientes aos seus maridos, como tinham sido aos seus pais. Moya K. Mason fala um pouco sobre essa questão no artigo *Ancient Roman Women: A Look At Their Lives* (Mulheres romanas da Antiguidade: Um olhar sobre as suas vidas):

> Uma dicotomia existia na vida das mulheres romanas. Elas tinham algumas liberdades pessoais, mas poucas chances para individualidade ou escolhas pessoais. Elas estavam sob constante supervisão dos seus pais, parentes homens e maridos, que regularmente as beijavam na boca para descobrir se elas tinham bebido vinho. Beber vinho era estritamente proibido para mulheres romanas e elas podiam ser punidas com a morte. Em *Feitos e Dizeres Memoráveis* do século 01 EC, Maximus nos conta como Egnatius Metellus bateu na sua esposa até a morte por ela beber vinho. Acreditava-se que o vinho fazia mulheres terem relações adúlteras, o que era muito comum já que tantos casamentos ocorriam por razões políticas ou econômicas, não

por amor ou paixão. Mulheres que tivessem seu adultério descoberto podiam ser mortas por seus pais ou guardiões. Mulheres frequentemente se casavam com homens muito mais velhos que elas. Elas eram casadas com quem ordenassem a elas.

O divórcio não era algo simples para uma mulher. Geralmente, ele seria decidido pelo seu marido ou pelo seu pai (caso ele encontrasse um casamento mais lucrativo ou prestigioso para ela). No caso do divórcio, uma mulher podia manter as propriedades dela (que ela não gerenciava), mas não ficava com a guarda dos seus filhos, e muitas vezes nunca mais os via.

Tipicamente, a vida de uma mulher romana da elite era bastante doméstica. Ela cuidava da casa, gerenciava os escravos, educava seus filhos e fazia artesanato. O seu lar era seu dever, porém não era a sua prisão. Ela podia ir para banhos públicos, festivais religiosos e para entretenimentos como batalhas de gladiadores. Ela não podia votar ou governar, mas podia contribuir para a carreira política dos seus filhos, dando recursos e apoio público para eles.

Como diz Eva Cantarella:

> Os romanos não acreditavam que as mulheres deveriam ser trancadas em uma parte especial da casa ou que elas deveriam ser proibidas de jantar com homens ou sair nas ruas... Talvez a liberalidade dos romanos em relação às suas mulheres não seja totalmente ao acaso. Tendo em conta seus deveres, as mulheres tinham que participar de algum modo da vida dos homens para poder assimilar os seus valores e se tornarem transmissoras mais fiéis deles. (CANTARELLA, 1986)

Mulheres romanas de classes sociais mais baixas tinham ainda mais liberdades, sendo parte da força de trabalho e recebendo a educação necessária para o seu ofício. Além disso, em alguns casos, leis e convenções eram ignoradas e as mulheres da elite podiam acabar gerenciando propriedade e fazendo negócios, principalmente se o homem da família tivesse morrido em combate ou se elas tivessem um guardião particularmente liberal.

Em geral, as mulheres romanas tinham algumas liberdades e algumas delas, excepcionalmente, podiam ter certa influência socioeconômica. As mulheres de classes sociais mais baixas, especialmente, acabavam tendo uma vida mais igualitária em relação aos seus pares masculinos, por conta da sua presença na força de trabalho. Entretanto, a maior parte delas, independentemente da classe social, morria jovem, tinha pouca voz política, e era desencorajada a ter uma educação formal avançada.

6. China

No começo da Era Neolítica, na China, havia diferentes culturas e, consequentemente, diferentes tratamentos de mulheres. A diferença de sexos era um fator determinante para o tipo de trabalho que uma pessoa faria, contudo, a valorização dos homens em relação às mulheres não necessariamente ocorria. Como diz Bret Hinsch:

> Diferentes papéis de trabalho não necessariamente trouxeram um declínio imediato no status feminino. Em um cemitério da cultura Majiahong (5000 – 4000 AEC) em Jiangsu, os túmulos dos homens têm vasos de cerâmica e ferramentas agrícolas enquanto o das mulheres contém um número muito mais diverso de bens funerários, incluindo vasos de cerâmica, pentes, enxós e fusaiolas. A inclusão de número similar ou até maior de itens nos túmulos das mulheres sugere um respeito comparável para ambos os sexos. (HINSCH, 2018)

No meio da era neolítica, aproximadamente, houve o desenvolvimento de relações sociais mais complexas, gerando maior estratificação social e resultando, na maioria dos casos, em sociedades patriarcais.

> Apesar de alguns poucos exemplos em que mulheres assumiram posições importantes, o crescimento da desigualdade social diminuiu o status feminino de forma geral ao estimular a ascensão do patriarcado. Nessa era, os sexos começaram a adquirir graus extremamente diferentes de riqueza e poder. Dentro de um clã ou família, a autoridade de cada cônjuge dependia bastante do valor de recursos contribuídos. Porque os homens controlavam o acesso aos alimentos básicos, eles assumiam preeminência na

esfera doméstica. Fora de casa, homens monopolizaram as posições e papéis de prestígio e relegaram mulheres a posições inferiores. Esses desenvolvimentos estimularam o surgimento do patriarcado, também descrito como estratificação sexual, assimetria sexual, e hierarquia de gênero. A divergência de poder e prestígio de cada sexo marcou o início de uma longa tendência que teria consequências fatídicas para mulheres, afetando as relações de gênero até o presente. (HINSCH, 2018)

Apesar de haver culturas que ainda tinham uma sociedade igualitária, a maior tendência ao fim do período neolítico era de divisão de classes e divisão de gênero, resultando até mesmo no sacrifício humano de mulheres para propósitos religiosos.

Na dinastia Shang (1600 – 1046 AEC), que dominou o norte da China, havia uma elite privilegiada bastante restrita. Mulheres de classes dominantes tinham privilégios em relação a pessoas de camadas sociais mais baixas, porém ainda eram consideradas inferiores aos homens da sua mesma classe, que eram os detentores das posições mais influentes da sociedade.

Devido ao funcionamento patriarcal e patrilinear da sociedade, casamento e filhos eram muito importantes para definir a imagem e posição social de uma mulher, enquanto homens tinham uma identidade social mais estável, que não era tão influenciada por esses fatores.

A desigualdade de gênero na China foi acentuada com o estabelecimento do confucionismo como ideologia dominante a partir de aproximadamente 200 AEC. Originada pelo sábio Confúcio (551 – 479 AEC), essa doutrina percebe mulheres como inferiores e encoraja, como virtudes, que elas sejam obedientes, quietas, respeitosas com os pais do marido e prendadas.

Na dinastia Han (206 AEC – 219 EC), esse conceito deu origem ao código Três Obediências e Quatro Virtudes (*San Cong Si De*) que influenciaria consideravelmente o tratamento das mulheres pelos próximos séculos. As três obediências seriam ao pai antes de se casar, ao marido depois do casamento, e ao filho mais velho após a morte do marido. As quatro virtudes seriam moralidade sexual, modéstia, jeito de falar apropriado e trabalho diligente. Uma proponente importante dessa filosofia era a historiadora e confucionista Ban Zhao (41 – 115 EC) que escreveu o livro *Princípios para Mulheres* (*Nuijie*), no qual ela dizia que mulheres só precisavam ser submissas e discretas, não particularmente inteligentes, bonitas ou talentosas.

Em acordo com essa visão, o confucionista Yang Chen dizia:

> Se mulheres receberem trabalho que requira contato com o lado de fora, elas irão semear desordem e confusão pelo Império. Vergonha e dano virão para a corte imperial, e o Sol e a Lua (imperador e imperatriz) irão definhar. O Livro dos Documentos nos alerta contra a galinha que canta a manhã no lugar do galo; o Livro de Odes condena a mulher inteligente que derruba o Estado... Mulheres não podem ser permitidas a participarem de assuntos do governo.

Sob influência desses princípios confucionistas, mulheres não tinham poderes legais e não podiam ter propriedade. Como Confúcio tinha declarado que "A virtude de uma mulher é sua falta de conhecimento e talento", a educação feminina não era estimulada, sendo bem menos acessível que a masculina. Garotas só eram encorajadas a aprenderem prendas domésticas que pudessem ajudá-las nas suas funções como esposas, mães e noras. Embora algumas aprendessem a ler e escrever, sua formação literária era basicamente de obras confucionistas.

O ciclo de vida de uma mulher geralmente se seguia da seguinte forma:

Quando nasciam, meninas já eram consideradas inferiores aos meninos. Porque elas teriam que ir, futuramente, para a casa da família do marido, havia provérbios que diziam coisas do tipo "um garoto nasce olhando para dentro, uma garota nasce olhando para fora". As famílias queriam um menino que pudesse cuidar delas na velhice. O nascimento de três meninas em sucessão era considerado uma tragédia familiar, pela qual a mãe seria culpada.

Ao se tornarem adolescentes, as moças eram casadas em um arranjo providenciado por uma casamenteira, pelos pais da sua família e pelos pais do seu marido. Às vezes, esse arranjo era feito antes mesmo de elas nascerem. Garotas eram criadas em reclusão para que sua virgindade fosse protegida, visto que essa era considerada uma das maiores qualidades de uma mulher.

Uma vez casadas, elas se mudavam para a casa da família do marido e eram percebidas, basicamente, como uma despesa a menos para sua família. Na sua nova casa, esperava-se que elas fossem gentis, respeitosas e atenciosas com os parentes do marido (em particular, com sua sogra) e tivessem pelo menos um filho homem, preferencialmente dentro do período de um ano.

Elas podiam sofrer abusos de todo tipo do seu marido, inclusive físicos, pois não havia leis a protegendo disso. O divórcio era uma impossibilidade a menos que seu marido destratasse a *família* dela. Maridos, por sua vez, podiam se separar facilmente ou simplesmente arranjar outras esposas e concubinas.

Se conseguissem ter um filho homem, elas receberiam mais respeito, particularmente do seu filho, visto que o confucionismo demanda "lealdade e reverência aos pais". Ademais, quando seus filhos se casassem, elas poderiam exercer controle sobre suas noras.

Após se tornarem viúvas, era considerado admirável que elas não se casassem de novo e, mais ainda, que elas se suicidassem. Na dinastia Song (420 – 478 EC), tornou-se crime que uma viúva se casasse novamente e aquelas que se suicidavam após a morte do marido eram aclamadas e percebidas como figuras exemplares.

Dito tudo isso, é importante constar que sempre há exceções à regra e, mesmo no cenário opressivo da nobreza da China Antiga, houve mulheres influentes e inteligentes, como algumas concubinas reais talentosas e imperatrizes que foram patronas das artes e da educação.

Mulheres de camadas sociais inferiores costumavam ter uma vida difícil, mas tendiam a desfrutar de maiores liberdades. Sobre isso, Mark Cartwright comenta no seu artigo *Women in Ancient China* (Mulheres na China Antiga):

> Para mulheres de classes sociais mais elevadas, as vidas delas eram, talvez, mais estritamente controladas do que qualquer outro nível social. Esperadas a permanecer nas câmaras internas da casa da sua família, elas tinham uma liberdade de movimento muito limitada. Dentro de casa, mulheres tinham responsabilidades significativas que incluíam o gerenciamento das finanças familiares e educação dos seus filhos, mas isso não queria dizer que elas eram a chefe da família.
> Mulheres de status mais baixo, como esposas de fazendeiros, eram esperadas no trabalho nos campos – especialmente nas regiões em que arroz era cultivado. Como muitos fazendeiros não tinham sua própria terra, mas trabalhavam nelas como inquilinos, as esposas deles eram, ocasionalmente, submetidas a abusos dos donos de terras. Muitas mulheres eram forçadas à prostituição em tempos de seca ou quebra de safra. Mulheres trabalhavam em casa, tecendo a seda e cuidando dos bichos-da-seda que a produziam. Algumas eram chamadas, como os homens, a fazer o trabalho obrigatório que contava como uma forma de imposto em muitos períodos da China Antiga, porém isso era apenas em circunstâncias excepcionais. Na dinastia Song (960 – 1279 EC), mulheres tinham mais liberdade e estavam gerenciando tavernas e atuando como parteiras, dentre outras profissões.

7. Índia

A Era Védica (aprox. 1500 – 500 AEC), período de formação do hinduísmo, costuma ser considerada um período no qual mulheres da civilização hindu tinham grande importância social e gozavam de vários direitos.

S. Bhattacharji (1998) acha que essa percepção pode ser exagerada, mas concede que, no começo dela, "mulheres tinham alguns direitos e eram vistas como seres humanos normais e relativamente desinibidos que não precisavam reprimir seus desejos femininos e paixões".

No entanto, ao fim dessa era, seu status social foi reduzido. Como diz Bhattacharji:

> A mulher comum era treinada em tarefas domésticas, como cuidar das crianças, cozinhar, etc., que ela teria que performar após o casamento. Logo, ela não adquiria habilidades especiais e não recebia nenhum equipamento que ela pudesse usar lucrativamente, para que ela pudesse ser completamente dependente dos homens para sua subsistência. Mas isso é particularmente verdade para os altos escalões da sociedade como um todo; mulheres pobres adquiriam habilidades práticas e trabalhavam ao lado dos homens. Para as suas necessidades de comida, no entanto, a mulher comum era dependente do seu marido. [...] Com a expansão territorial dos arianos através da sua conquista da população nativa, as pessoas conquistadas se tornaram escravas que assumiram muitas das tarefas mais pesadas que mulheres realizavam anteriormente; isso reduziu a contribuição das mulheres no trabalho produtivo e aumentou ainda mais a dependência delas dos homens. (BHATTACHARJI, 1998, p.160)

Essa dependência socioeconômica trouxe consequências terríveis para meninas e mulheres. No período épico (1000 – 600 AEC), começou a haver o casamento infantil, que foi gradualmente crescendo em números, particularmente no começo da Idade Média. O motivo para esse tipo de casamento era garantir que, assim que as meninas menstruassem, elas já estariam sob o domínio do marido.

Mesmo quando o casamento ocorria entre dois adultos, havia uma evidente desigualdade na autoridade do marido e da esposa. Ele costumava ser obrigatório a todas as mulheres, tirando prostitutas. Depois dele, a mulher passava a pertencer à família do marido e seu dever era cuidar dos seus sogros, do seu cônjuge e dos seus filhos. O seu comportamento ideal era a obediência e reclusão doméstica (*purdah*). Era esperado que ela tivesse filhos homens e, caso isso não ocorresse, ela podia ser simplesmente descartada.

Havia muitas regras sociais para a convivência conjugal que refletiam a profunda subjugação feminina. Uma esposa não deveria andar na frente do seu marido, ir para assembleias ou beber mel. Ela devia comer os restos do seu marido, que não deveria jantar na frente dela.

As escrituras e, consequentemente, os ritos religiosos também refletiam a desigualdade de gênero. Simbolicamente, quando uma menina nascia, ela era colocada no chão, enquanto um menino era erguido para o alto. No casamento, os votos "dela" eram proferidos pelo seu marido, como se ele falasse por ela. A poliandria existia, embora fosse extremamente incomum e, em geral, bastante desaprovada. Já a poligamia era muito comum e perfeitamente aceita pela sociedade.

A sexualidade de uma mulher era completamente controlada pelo seu marido. Era ele que decidia quando eles fariam sexo, não importando o que ela quisesse. Uma persistente recusa podia resultar em agressões físicas e estupro. A punição para o adultério era bem mais severa para ela do que para ele. Sobre o tema, Bhattacharji comenta:

> Nós percebemos o duplo critério da sociedade: para as mulheres, a castidade era obrigatória e a falta de castidade era punível; mas se um homem transgredisse a fidelidade conjugal, uma ou duas passagens das escrituras prescreviam meio dia de jejum – embora a literatura não registre nem uma única instância dessa expiação. [...] Nós vemos quão tolerante a sociedade era para aberrações na vida sexual do homem, enquanto uma mulher em posição similar pagava caro por seu descuido. A punição prescrita talvez não fosse executada sempre, mas quando um marido 'enganado' quisesse infligi-la, a sociedade e as leis estariam do lado dele. (BHATTACHARJ, 1998, p.162)

Mesmo após a morte do marido, o destino de uma mulher ainda era determinado por ele. O costume de queimar viúvas após a morte do seu marido, *"sati"*, tornou-se comum na Índia Antiga, apesar de nunca ter sido oficializado como lei.

A situação das mulheres da civilização hindu na Antiguidade foi apenas piorando.

> Os épicos e Puranas igualavam mulheres com propriedade. Mesmo o budismo fez pouco por mulheres. Apesar de os reis da Máuria frequentemente empregarem guarda-costas mulheres, espiãs e 'Striadhyaksha mahamatras', o status delas ainda

era bem ruim. Damas de castas elevadas da sociedade tinham que aceitar o purdah. Durante esse período, homens eram poligâmicos e queimar viúvas era uma norma aceita. O Artaxastra (tratado datado em cerca do século 03 ou 02 AEC) impôs mais estigmas nas mulheres, uma vez que Cautília (filósofo e autor do tratado) descartou a liberação das mulheres e elas não eram livres nem para ir para algum lugar sem a permissão do marido. (ROUT, 2016)

Apesar de tudo isso, houve mulheres que exerceram influência artística e política, principalmente na aristocracia. Algumas tinham papéis administrativos como administradoras de vilas e províncias, por exemplo. Freiras budistas compunham hinos. Cortesãs e prostitutas geralmente sabiam ler e escrever, dançar e fazer música. Também havia mulheres que aprendiam a ler e escrever em sânscrito e estudavam o *Vedas* (conjunto de textos sagrados do hinduísmo) antes de se casarem, ou até pela vida inteira, se não se casassem para se dedicar aos estudos religiosos.

Havia formas para mulheres da Civilização Hindu serem educadas e terem uma vida um pouco mais livre, porém a regra era uma vida de dependência socioeconômica e, consequentemente, de completa submissão aos homens, que era justificada com a religião.

8. Mesoamérica

Há complicações em se examinar a posição das mulheres da civilização maia. Não apenas pelos poucos registros que temos dela, como também pelo fato de que gêneros, nessa cultura, conseguiam contemplar além do binário feminino-masculino. Muitas divindades e regentes eram representados como andrógenos, tendo simultaneamente traços masculinos e femininos, ou tendo um gênero fluido. Segundo Erika A. Hewitt:

> Assim como os regentes homens eram representados como incorporando as características 'femininas' da fertilidade, a atribuição de traços masculinos em mulheres politicamente importantes fazia com que elas se tornassem agentes apropriadas para esse poder nos seus deveres cerimoniais ou políticos. Em todas

essas ilustrações de poder, os traços femininos e masculinos são balanceados e são, portanto, complementares um ao outro. (HEWITT, 1999)

Isso não quer dizer que não havia distinções de gênero. A sociedade Maia era patrilinear, o seu regente geralmente era do sexo masculino, e havia divisões de trabalho por sexo. Ainda assim, mulheres podiam ser rainhas, e havia certa igualdade e complementaridade entre gêneros nas dinâmicas sociais. Homens eram os responsáveis em caçar, mulheres eram as responsáveis em preparar o alimento, e ambos provavelmente participavam de atividades agrícolas. Ademais, os rituais de valor civil e religioso demandavam uma participação tanto masculina quanto feminina. Como disse Josserand no capítulo 8 do livro *Ancient Maya Women* (Mulheres Maias da Antiguidade):

> Os homens podem performar nas atividades mais vistas publicamente, mas eles não podem exercer funções sem esposas para performar outros rituais nos bastidores e para organizar cerimônias menos públicas [...]. (JOSSERAND, 2002, p. 127)

Tratando-se de representações artísticas, uma fonte importante de conhecimento da cultura Maia, há muitas nas quais mulheres estão apenas passivamente acompanhando uma cerimônia ou uma conquista do seu filho, o que pode sugerir uma posição de inferioridade dessas. No entanto, Hewitt defende que a própria presença dessas mulheres nessas estátuas públicas seriam um indicativo do seu valor social. O fato de que mulheres de alto status ganhavam seus próprios monumentos, sem ter que compartilhá-los com membros da família, indicaria que os maias podiam reconhecer uma mulher além do seu papel como mãe e esposa.

Mulheres maias podiam ter grande influência política e social. Elas faziam parte da vida em sociedade, podendo ser escribas, tecelãs, sacerdotisas e preparadoras de alimento. A feminilidade não era considerada uma característica negativa, e sim complementar à masculinidade. Tanto que os regentes deveriam representar aspectos de ambos os gêneros – os dois eram positivos e necessários.

Todavia, como foi dito antes, há muito que não sabemos sobre a sociedade maia e há alguns aspectos contraditórios para essa teoria de uma sociedade verdadeiramente igualitária. Um exemplo significativo disso seriam as evidências de que mulheres tinham uma dieta mais pobre e uma expectativa de vida menor do que a dos homens. Provavelmente a civilização Maia não foi uma utopia da igualdade de gêneros como nós gostaríamos que ela fosse, mas ao menos sabemos que essa civilização não retratava orgulhosamente o seu possível sexismo, como outras civilizações da Antiguidade, e havia uma complexidade maior na maneira como gêneros eram percebidos nela.

EN-HEDU ANNA

*Suméria (correspondente ao Iraque).
Aprox. 2285-2250 AEC.*

As mulheres na ciência *Antiguidade*

Uma das primeiras cientistas da qual se têm registros é também uma das primeiras *pessoas* de que se tem registro. Nascida, aproximadamente, em 2285 AEC, En-Hedu Anna é uma figura tão antiga que a escrita cuneiforme, a mais antiga forma de escrita que se conhece da história, foi inventada cerca de apenas oitocentos anos antes do seu nascimento.

Filha do rei Sargão, o Grande[2], que governou a Mesopotâmia de 2334 a 2279 AEC, ela recebeu dele um posto como sacerdotisa da cidade de Ur, uma das cidades mais importantes da civilização suméria. Ela tinha a importante responsabilidade de conciliar os deuses sumérios e acádios e proporcionar estabilidade ao Império Acádio através da religião.

"En-Hedu Anna", por sinal, não é seu nome verdadeiro, e sim o nome pelo qual ela passou a se chamar devido à sua posição social. Esse termo sumério significa "sacerdotisa do ornamento do céu", pois os deveres de uma sacerdotisa do seu templo eram venerar o deus da Lua, Nanna, servindo simbolicamente como sua esposa, e coordenar atividades locais, baseando-se em um acompanhamento dos corpos celestes.

Além de sacerdotisa, En-Hedu Anna era uma grande poeta que escreveu sobre guerra, devoção religiosa e seus sentimentos de esperança, medo e frustração. Ela foi uma das primeiras pessoas em toda a história, talvez até mesmo a primeira, a escrever em primeira pessoa, o que permite um vislumbre muito interessante das suas experiências pessoais. Em grande parte, é graças à sua poesia que podemos ver a sua importância na história da ciência.

---

[2] Rei Sargão, o Grande ou Sargão da Acádia – Imperador dos Acádios. Seu império foi o primeiro a criar um governo multiétnico centralizado, com um elaborado sistema administrativo e burocrático. Continuou sendo admirado, até mesmo venerado, anos após a sua morte.

Os registros históricos acerca do conhecimento sobre as responsabilidades de uma sacerdotisa do templo da Lua provêm, principalmente, do que é dito sobre isso nos poemas e hinos de En-Hedu Anna. Em conjunto, a sua obra sugere que uma parte importante do seu trabalho consistia na observação e acompanhamento dos corpos celestes. Em outras palavras: astronomia. Nós podemos ver indicativos disso no seu hino número oito, que fala do seu templo (o gipar):

No gipar, os cômodos da sacerdotisa
Brilham esplendidamente de ordem cósmica,
Eles acompanham a passagem da lua.
(apud SCHMELZ, 2013)

Reforçando essa hipótese de que ela trabalhava com astronomia, há o seguinte trecho de um dos seus poemas:

A verdadeira mulher que possui grande sabedoria,
Ela consulta uma tábua de lapis lazuli
Ela dá conselhos a todas as terras...
Ela mede os céus
Ela coloca as cordas de medição na terra.
(apud SCHMELZ, 2013)

Não é tão surpreendente ver as palavras de En-Hedu Anna sobre o seu trabalho quando sabemos que a astronomia foi um dos primeiros ramos de estudos científicos da humanidade, tendo seus primeiros registros deixados pelos sumérios. Segundo Anderson (2012, p. 108):

> Sumérios foram os primeiros a deixar um registro, e hoje nossos museus possuem uma legião de tábuas cuneiformes de argila cozida marcando a passagem da vida cotidiana nas planícies férteis entre os rios Tigre e Eufrates, em que algumas falam das posições do Sol e da Lua, e ocasionalmente dos planetas e estrelas. A motivação babilônica para registros astronômicos parece ter sido primariamente calendárica no começo, mas rapidamente virou uma conduta religiosa entre a Terra e os Céus. A astronomia suméria e seus modos de registro foram adotados pelos seus vizinhos do

norte, os babilônios, após sua conquista e assimilação, e desses primórdios – em cerca de 2500 AEC – nós temos um caminho contínuo até o presente estado da astronomia.

Há milhares de anos, quando não havia eletricidade ou tanta poluição, o céu devia apresentar uma visão fantástica, com muito mais detalhes visíveis a olho nu. Não à toa houve tanto fascínio pelo cosmos por parte de várias civilizações da Antiguidade, com o Sol, a Lua e outros corpos celestes sendo, frequentemente, venerados e observados de forma minuciosa. No caso da Suméria, a importância cultural da Lua era perceptível:

> [...] na Suméria, a Lua era observada toda noite, tanto para estabelecer datas para rituais quanto para calcular o tempo. O 'dia da nova lua', u-sakar, era particularmente significativo. Nesse dia, todo mês, era comemorado um festival chamado ès-ès. A ocorrência desse festival também acontecia nos dias seguintes às principais fases da lua, o sétimo e décimo quinto dias. Oferendas para o deus da Lua incluíam bois, ovelhas, cordeiros, e crianças, assim como cestas de tâmaras, romãs, e outras frutas. Esses festivais altamente organizados tinham registros cuidadosamente mantidos de todas as oferendas. Essas celebrações eram tão importantes em Ur que os custos eram assumidos pelo templo de Ur, assim como pelo rei e pelos líderes (ensi) das outras cidades que revezavam em providenciar alguns dos suprimentos necessários. (MEADOR, 1989, p. 53)

Assim, a posição de En-Hedu Anna, como sacerdotisa de Ur, fazia com que ela estivesse à frente de celebrações de grande valor na cultura suméria, o que ajudava na estabilidade entre acádios e sumérios. Os seus conhecimentos sobre o ciclo lunar devem ter sido fundamentais para reforçar esse papel social.

Todavia, conflitos ainda ocorriam com frequência no Império Acádio. Outro poema, chamado *"Exaltação de Innana[3]"*, revela que, em um certo ponto, um indivíduo chamado Lu-

---

3 Inanna – Deusa de Vênus e filha do deus da Lua, Nana. Era a deusa do amor, da sensualidade, fertilidade e da guerra.

gal-Ane liderou uma revolta e tomou a cidade de Ur, tirando En-Hedu Anna da sua posição e a forçando a entrar em exílio. Indignada com essa situação, a ex-sacerdotisa pede no poema para a deusa Inanna apelar para que o deus An[4] ajude-a a recuperar sua posição:

Oferendas fúnebres foram trazidas, como
se eu nunca tivesse vivido ali.
Eu me aproximei da luz, mas a luz me queimou.
Eu me aproximei da sombra, mas eu fui
coberta por uma tempestade.
Minha boca de mel se tornou cheia de espuma.
Conte para An sobre Lugal-Ane e sobre o meu destino!
Que An desfaça isso para mim!
Assim que você contar para An sobre isso, An irá me libertar.
(apud MARK, 2014)

Depois, a autora revela que a rebelião foi contida, permitindo o retorno dela ao seu cargo original, que podemos supor que ela manteve até o fim da vida.

O curioso sobre o posto de En-Hedu Anna é que, possivelmente, ela foi a primeira mulher a assumir sua função, mas não a última. Pelos próximos quinhentos anos após o seu falecimento, os sucessores de Sargão seguiram o exemplo dele e a posição de sacerdotisa da cidade de Ur foi sempre dada para as filhas do rei. Consequentemente, houve gerações e gerações de mulheres estudando astronomia, que nós não conhecemos, mas que estavam lá e cujo trabalho coletivo ao longo dos anos daria origem ao calendário litúrgico que nós ainda usamos atualmente.

Em um período tão antigo que mal se há registro de homens cientistas, já há registros e relatos de experiência de uma mulher que observava a lua e as estrelas, e pôde inspirar outras garotas a fazer o mesmo. Um ótimo começo, a meu ver, para este livro sobre mulheres na ciência.

---

4 An – Deus dos céus, depois conhecido como Anu.

TAPPUTI

*Babilônia (correspondente ao Iraque).
Aprox. 1200 AEC.AC.*

As mulheres na ciência *Antiguidade*

Um dos primeiros produtos desenvolvidos pela humanidade através de processos químicos foram os perfumes. Desde a pré-história, humanos extraíam essências de plantas e flores e faziam óleos aromáticos. Incensos, os primeiros aromatizantes da humanidade, foram criados pela civilização Mesopotâmia em cerca de 4000 AEC. Perfumes, óleos e essências foram usados e apreciados por diferentes civilizações da Antiguidade.

Segundo Rayner-Canham e Rayner-Canham (1998, p. 15): "Se nós definirmos química como o uso de equipamento e processos químicos, então pode ser argumentado que os primeiros químicos que podemos identificar pelo nome eram duas mulheres". Os autores se referem a Tapputi e Ninu, duas perfumistas citadas em uma tábua cuneiforme de, aproximadamente, 1200 AEC.

Tapputi viveu em torno de 1200 AEC na Mesopotâmia, na Babilônia. Ela era uma criadora de perfumes que trabalhava para a família real. Em seu trabalho, ela contava com a ajuda de uma pessoa, cujo nome completo é desconhecido, mas cuja terminação, "Ninu", indica que também se tratava de uma mulher. Apesar de não ser a primeira pessoa a produzir perfumes, Tapputi foi, até onde se saiba, a primeira dessa profissão a ter o seu nome registrado.

O título de Belatekallium, que significa "senhora da casa", situado ao lado do seu nome, sugere que, além de confeccionar perfumes, ela era uma supervisora no palácio. Essa posição importante provavelmente lhe foi conferida devido à qualidade do seu trabalho como perfumista.

Perfumes eram muito importantes para a sociedade mesopotâmia, pois, além de serem usados pela nobreza como uma distinção social e fonte de prazer sensorial, eles eram utilizados em cerimônias religiosas e funerais. Segundo Stefania, Vatca e Vatca (2017, p. 161), eles até mesmo eram um "símbolo de desenvolvimento e evolução da Mesopotâmia para civilizações rivais".

Para a produção de perfumes, Tapputi e outras perfumistas realizavam diversos procedimentos químicos, como a destilação e a sublimação de líquidos, e a extração e a preservação de aroma. No caso de Taputti, ela também inventou suas próprias receitas de perfume e técnicas de aperfeiçoamento. Uma técnica notável desenvolvida pela perfumista foi a utilização de um solvente feito com água destilada e álcool de cereais para aumentar a durabilidade, alcance e qualidade geral do seu perfume. Esse procedimento fazia com que os seus perfumes ficassem mais parecidos com os nossos perfumes atuais do que com os perfumes da Babilônia, que eram uma espécie de óleo pesado, com um aroma que não durava muito.

As técnicas de Tapputi foram registradas em um tratado sobre confecção de perfume – perdido com o tempo, mas mencionado na tábua sobre ela – que foi, possivelmente, o primeiro sobre o assunto da história.

De acordo com Rayner-Canham e Rayner-Canham (1998, p. 16), "Não é surpreendente que esses registros iniciais apontem para mulheres como as primeiras químicas, pois o equipamento utilizado frequentemente deriva de itens culinários, e todo o conceito de elaborar procedimentos de extração sistemáticos e quantitativos lembra o de uma receita culinária".

Mulheres da Antiguidade participaram da química da Antiguidade, tendo um papel importante na produção de perfumes, cervejas e remédios. Tapputi, portanto, apesar de ser a primeira química registrada, não foi sua única pioneira. Houve muitas pioneiras da química, cujos nomes não ficaram registrados na história.

AGNODICE DE ATENAS

Grécia. Aprox. século 04 AEC.

As mulheres na ciência *Antiguidade*

Vamos direto ao ponto: a estória da próxima mulher neste livro é, provavelmente, apenas um mito. Certos aspectos de sua estória vão de encontro a uma série de elementos clichês da literatura grega e o nome dela, que significa "castidade perante a justiça", condizente com o que ocorre na narrativa, logo, seria uma coincidência grande demais para ser verdade.

"Por que nós estamos falando dela em um livro que deve falar sobre figuras históricas"? vocês talvez se perguntem. A resposta seria porque Agnodice é uma figura clássica bastante conhecida e, desde o século dezessete, a estória dela foi usada para a defesa do trabalho das parteiras. Além disso, é interessante compartilhar essa lenda e esclarecer que partes dela são reais, para possibilitar certa compreensão do papel da mulher na medicina na Grécia Antiga.

A estória de Agnodice está em um livro chamado "Fábulas", escrito por Higino. A versão original dessa obra não sobreviveu ao tempo, temos apenas um resumo do texto, feito aproximadamente no século 04 ou 05 EC. Tratando-se de datar quando Agnodice teria vivido, podemos estimar que seria, aproximadamente, no século 04 AEC, pois havia um Herófilo ensinando medicina nesse período, assim como o Herófilo mencionado na estória.

De acordo com a lenda, Agnodice seria uma donzela ateniense que queria aprender medicina em um tempo no qual era proibido que mulheres praticassem medicina em Atenas. Com esse propósito, ela cortou o cabelo, usou roupas masculinas e foi estudar com Herófilo[5] em Alexandria.

Ao retornar, ela teria ouvido uma mulher gritando no parto enquanto andava pelas ruas e foi socorrê-la. Como a gestante, inicialmente, recusou o atendimento por achar que ela era um homem, Agnodice ergueu as roupas e mostrou que era

---

5 Esse Herófilo possivelmente era o médico grego Herófilo (335 – 280 AEC), que fundou a Escola de Medicina de Alexandria e fez contribuições importantes para a anatomia, sendo o primeiro médico a usar a dissecação como uma forma de estudo.

uma mulher, o que fez com que ela ganhasse permissão para ajudar com o parto.

Em razão desse acontecimento, rumores correram entre as mulheres de Atenas que havia uma médica disfarçada de homem e Agnodice passou a ser muito requisitada por elas. Isso despertou a inveja dos outros médicos que passaram a desconfiar que ela era popular assim por estar seduzindo suas pacientes. Consequentemente, Agnodice foi levada para julgamento sob essa acusação. Assim como tinha feito com a gestante, ela ergueu suas roupas para mostrar que era uma mulher. Essa revelação fez com que os homens mudassem a sua acusação para dizer que ela não poderia ter praticado medicina e ameaçassem condená-la à morte. As esposas dos líderes locais, então, chegaram no julgamento e disseram "Vocês, homens, não são maridos, mas inimigos, já que estão condenando aquela que descobriu a saúde para nós". Essa reação fez com que Agnodice não fosse condenada e com que a lei fosse mudada, permitindo que mulheres praticassem medicina em Atenas.

Agora que sabemos a lenda, precisamos entender as mudanças históricas pelas quais a medicina estava passando na Grécia no período em que Agnodice teria, supostamente, vivido. Antes do século 05 AEC, doenças eram consideradas um castigo dos deuses, tendo que ser remediadas por meio de sacrifícios e outros rituais. Em razão dessa compreensão, a medicina não tinha regulamentações e aqueles que a praticavam não tinham sua profissão valorizada. Porque não havia regras sobre quem poderia exercer a profissão médica, muitas mulheres puderam entrar no ramo como parteiras. Essas profissionais ajudavam as mulheres não apenas com o nascimento dos seus filhos, mas com a sua saúde ginecológica em geral, usando métodos transmitidos através da tradição oral.

Esse entendimento sobre a medicina permaneceu vigente até o século 05 AEC, quando, com a ascensão das escolas médicas de Hipócrates (aprox. 460 – 375 AEC), o "pai da medicina", a percepção dos gregos sobre saúde e sobre a profissão médica foi modificada e uma importância maior foi conferida a essa classe profissional. No entanto, diferentemente do que a lenda de Agnodice sugere, a ascensão dos médicos não fez a profissão de parteira passar a ser proibida.

No período Helenístico em que Agnodice teria vivido, que vai de 323 AEC. a 31 AEC., surgem termos diferenciando uma médica ("iatrikê"), uma parteira ("maia") e uma parteira com treinamento especializado ("iatromaia"), indicando não uma redução, e sim um aumento no número de mulheres envolvidas com medicina.

O próprio Hipócrates faz referências a mulheres com quem ele teria trabalhado em partos, como uma responsável em cortar o cordão umbilical que ele julgava ter feito seu trabalho cedo demais e uma médica/parteira que poderia ser consultada para quem quisesse a prova da teoria dele de que uma criança nascida no sétimo mês sobrevive, enquanto uma nascida no oitavo mês não.

Uma possível razão para a permanência das mulheres na medicina, principalmente como parteiras, seria porque, conforme nos diz Sorano de Éfeso (aprox. 98 EC) em *Ginecologia*, mulheres gregas prefeririam ser atendidas por outras mulheres em casos de doenças específicas à anatomia feminina. Por conta disso, as parteiras eram chamadas para resolver a maioria das questões especificamente relacionadas a corpos femininos.

Para aqueles que acreditam na veracidade no mito de Agnodice, uma possível justificativa para a proibição da profissão da parteira em Atenas seria a desconfiança masculina em relação à possibilidade de que essas profissionais ajudassem as mulheres a realizarem abortos ou usarem métodos anticoncepcionais. O mais provável, no entanto, é que uma lei proibindo parteiras em Atenas nunca tenha existido. Se uma tentativa de inibir mulheres de entrarem nessa profissão tiver ocorrido, há uma possibilidade maior de que elas tenham sofrido uma perseguição social do que restrições legais no seu trabalho.

Surpreendentemente, esse é um caso em que a história parece ser mais positiva do que a ficção. Enquanto a ficção traz uma estória de perseguição a parteiras e proibição de mulheres na medicina, na realidade, há registros históricos de diferentes médicas e parteiras fazendo o seu trabalho na Grécia Antiga, como se fosse algo natural.

AGLAONICE DE TESSÁLIA

Grécia. Aprox. 01 AEC.

As mulheres na ciência *Antiguidade*

A região da Tessália, na Grécia Antiga é citada pelas fontes da época como uma terra fértil e animada, que teria sido o cenário de grandes eventos da mitologia grega, como a batalha dos titãs com os deuses olímpicos. Ela também era conhecida como um lugar de magia e feitiçaria, com mulheres, entre os séculos 03 e 01 AEC, que eram capazes de tirar a lua do céu. Na literatura grega, há várias referências a elas. Sócrates, por exemplo, fala na obra Gorgias (ano 380 AEC) de Platão sobre "as feiticeiras tessalianas, que, como dizem, trazem a lua para baixo do céu, sob o risco da sua própria perdição". Estas ficaram conhecidas na história como "as bruxas de Tessália".

Acredita-se que a origem dessas estórias seria a lenda de Medeia, uma bruxa que teria a habilidade de tirar a lua do céu para realizar seus feitiços na escuridão. Um dia, ela teria voado em uma carruagem carregada por um dragão e jogado ervas encantadas nas terras de Tessália, fazendo com que outras mulheres da região recebessem os poderes dela. Sabemos dessa lenda por conta dos comentários adicionados por um escoliasta anônimo à comédia *As nuvens* (aprox. do ano 423 AEC) de Aristófanes (aprox. 447 – 385 AEC), para dar contexto a uma cena na qual dois personagens estão conversando e um deles sugere que o outro evite pagar seus débitos, encontrando uma bruxa tessaliana e fazendo-a puxar a lua para baixo, para que o início do mês do pagamento não fosse marcado por ela.

Medeia, Circe, Micale e Aglaonice são mulheres nomeadas como capazes de realizar o feito de puxar a lua. Dentre essas, só Micale e Aglaonice seriam bruxas de Tessália, e apenas a última é considerada como possivelmente uma pessoa real.

Como muitas figuras históricas femininas da Antiguidade, pouco sabemos sobre a vida de Aglaonice. Se tomarmos os registros sobre ela como verdadeiros, ela viveu na Grécia aproximadamente no século 01 AEC e era filha de um homem chamado Hegemon de Tessália. Ela tinha conhecimentos astronômicos avançados o suficiente para prever eclipses lunares e enganava outras mulheres, dizendo que estava puxando a lua para baixo e fazendo com que esta desaparecesse.

Aproximadamente no século 03, um escoliasta (comentarista) de Apolônio de Rhodes pôs no seu escólio (comentário) do poema épico *Argonauta*:

"Aglaonice, filha de Hegemon, sendo talentosa em astronomia e conhecendo os eclipses da lua, costumava dizer, quando a lua estava prestes a ser envolvida por eles [eclipses], que estava puxando a deusa para baixo."

O autor Plutarco (46 – 120 EC), por sua vez, em um manual para casais chamado *Conjugalia Praecepta*, instruiu que mulheres deveriam aprender astronomia e geometria para não serem enganadas por pessoas como Aglaonice, que "sendo familiarizada com os períodos em que a lua estava prestes a ter um eclipse e, sabendo de antemão o tempo em que a lua estaria coberta pela sombra da Terra, mandava nas mulheres, e as fazia acreditar que ela estava puxando a lua para baixo". Ele menciona Aglaonice mais duas vezes em seus escritos, consistentemente descrevendo-a como uma astrônoma em vez de uma bruxa.

Como podemos verificar, esses "desaparecimentos da lua" já eram encarados com ceticismo por alguns dos gregos da Antiguidade. Sosifanes (aprox. 357 – 313 AEC) dizia na tragédia *Meleagro* (aprox. ano 336 AEC): "Toda donzela tessaliana com canções mágicas, uma falsa puxadora da lua do céu." Não à toa a expressão "Truque Tessaliano" passou a ser usada para descrever o que elas faziam. Autores como Plutarco e Asclepiades de Tragilus (aprox. século 04 AEC) defendiam a teoria de que as bruxas de Tessália seriam, na verdade, mulheres com grandes conhecimentos de astronomia, capazes de prever eclipses lunares.

Estudiosos atuais levantam questionamentos sobre essa versão da estória. Ainda que ela seja mais realista do que "mulheres controlando a lua", ela também tem muitos aspectos duvidosos. Examinando detalhadamente os registros sobre as bruxas de Tessália, D.E. Hill (1973) considera improvável que eclipses estivessem sendo previstos, visto que não se havia tanto conhecimento sobre eles, nessa época, para aceitarmos que essas mulheres conseguiam prevê-los tão precisamente. Outro problema apontado é que as estórias sobre as bruxas sugerem que elas faziam a lua sumir por completo. Todavia, eclipses lunares geralmente ainda permitem visibilidade da lua, em uma cor diferente. Muito raramente ela fica com L = 0, o nível mais baixo de luminosidade da lua em um eclipse, na escala de Danjon.

Analisando os registros de eclipses lunares da Antiguidade, Richard B. Stothers (1986) conclui que "relatos com credibilidade de eclipses lunares escuros não parecem existir na literatura sobrevivente da Europa e das proximidades do Leste na Antiguidade, exceto por alusões sem data em escritos astrológicos".

Além disso, há a questão da expressão "puxar a lua para baixo" (kathaireses) ser diferente da expressão comumente usada para "eclipse", conforme mostra o seguinte trecho do escoliasta de Apolônio de Rhodes: "na antiguidade, eles costumavam pensar que bruxas puxavam para baixo a lua e o sol. Assim, até mesmo no tempo de Demócrito, muitas pessoas costumavam chamar eclipses de 'kathaireses'."

Hill (1973) dá mais crédito à teoria de que o Truque Tessaliano era realmente um truque, realizado com velas, espelhos e roldanas, em noites de lua nova ou de céu nublado. Essa técnica para criar a ilusão de uma lua e a impressão de que ela estava sendo puxada para baixo foi registrada pelo autor grego Hipólito, o que adiciona plausibilidade à ideia.

Astrônoma, charlatã ou mito, ainda é importante conhecermos a estória de Aglaonice. O seu mito foi influente na Grécia Antiga, provavelmente originando o provérbio "Assim como a lua obedece Aglaonice", e perpetuando a imagem de mulheres que eram capazes de feitos extraordinários em astronomia. Fictícia ou não, Aglaonice foi parte da história da astronomia. Em reconhecimento disso, em 1991, uma das crateras de Vênus foi nomeada em sua homenagem.

ELEFANTIS

Lugar indeterminado. Aprox. 01 AEC.

Sabe-se que, durante o período clássico, o papel das parteiras na saúde feminina era muito importante. Todavia, o daquelas conhecidas como "médicas" ainda traz muitos questionamentos. No capítulo de Agnodice, vimos que os termos para designar uma parteira (*obstetrix* ou *maia*) são diferentes dos termos que surgiram para designar uma médica (*medica* ou *iatrine*), o que sugere uma distinção entre esses papéis. Entretanto, há estudiosos, como L. Robert (1964) e Holt Parker (1997), que acreditam que ambos eram sinônimos. Ainda não se sabe ao certo se as "médicas" da Antiguidade greco-romana teriam um papel social similar ao dos médicos ou se esse termo, simplesmente, surgiu para estabelecer, de forma mais clara, que parteiras deveriam ser as responsáveis pela saúde feminina de forma geral, não só no parto.

Textos médicos de autoria feminina também continuam sendo alvo de questionamentos, uma vez que alguns estudiosos acreditam que os nomes de autoras de textos médicos da Antiguidade eram, na verdade, pseudônimos utilizados por homens para falar de questões de saúde feminina. Um indicativo disso estaria no fato desses nomes muitas vezes se alinharem, convenientemente, com temas da ginecologia, como "Metrodora" (provavelmente derivado de metra, "útero") e "Aspásia" ("bem-vindo"). No entanto, a historiadora Rebecca Flemming (2007, p. 262) acredita que: "[...] há evidência suficiente para apoiar a possibilidade de autoria feminina no campo da medicina" e afirma que a existência da *probabilidade* de autoria masculina por trás de um nome feminino não deve ser tomada como uma *certeza*, embora concorde que "[...] há um padrão particular em pseudônimos femininos que pode sugerir um disfarce masculino quando se ventura no que pode ser considerado território feminino" (FLEMMING, 2007, p. 270).

Por conta dos costumes gregos, em que homens e mulheres eram muito separados, principalmente em lugares como Atenas, mulheres hesitavam em ser atendidas por médicos e estes eram pouco familiarizados com os corpos delas. Isso deu uma oportunidade para uma participação feminina na medicina e conferiu certa autoridade às mulheres sobre o conhecimento dos seus corpos. Eis por que o uso de pseudônimos femininos era apropriado para autores tratarem de temas como métodos anticoncepcionais, abortivos, partos etc.

O médico Sorano de Éfeso (século 03 EC), na obra *Ginecologia*[6], descreve a parteira como: "[...] uma mulher educada em todas as causas das doenças das mulheres e também habilidosa na prática médica geral" (*apud* F. P RETIEF e L. CILLIERS, 2006, p.180). Ele coloca muitas expectativas sobre essas profissionais, como as de que elas deveriam saber ler e escrever, ter conhecimento da teoria e da prática obstétrica, ser perseverantes, discretas, fortes e saudáveis, bem como não sucumbir ao pânico ou a superstições. De fato, a existência de textos voltados a orientá-las sugere que se esperava que uma quantia significativa dessa classe profissional conseguisse ler e tivesse algum conhecimento teórico sobre seu trabalho. Entretanto, o nível de educação de homens e mulheres era desnivelado e não houve muito espaço para uma presença das mulheres em ramos formais da literatura médica:

> Algum tipo de envolvimento feminino nas várias tradições de pseudônimos e pseudepigráficas discutidas, em coleções e composições de receitas, e em atividades compilatórias mais abrangentes como as que podem ter sido feitas por Metrodora, permanece provável. Mas o caminho literário mais formal, prestigioso, original e extenso, seguido por Heráclides ou Galeno, parece ter sido exclusivamente masculino (FLEMMING, 2007, p. 279).

Apesar das expectativas de Sorano, de modo geral, a autoridade da voz feminina na medicina não provinha de estudos teóricos, mas das suas experiências com o seu corpo e com o seu contato com o corpo de outras mulheres. Nesse sentido, prostitutas também eram consideradas como fontes de conhecimento da sexualidade e saúde feminina.

---

6 *Ginecologia* de Sorano de Éfeso – Tratado médico do século 03, dividido em quatro livros que tratam de questões ginecológicas. O primeiro volume "Em quantas e quais seções a doutrina da ginecologia deve ser dividida" tem dois capítulos titulados "Quem são as pessoas aptas a se tornarem parteiras?" e "Quem são as melhores parteiras?".

Vamos agora falar do caso de uma mulher que pode ter sido uma parteira ou uma prostituta e como essa distinção fazia pouca diferença para um dos autores que a registrou. Ela não fez contribuições científicas importantes, mas a sua estória é um bom ponto de partida para falarmos de como cortesãs podiam ser consideradas fontes de conhecimento médico no contexto da Grécia Antiga.

Plínio, o Velho (23 – 79 EC), em sua obra *História Natural*[7], faz referências aos conselhos médicos de várias mulheres, no 28° volume, que trata dos usos de substâncias do corpo para propósitos medicinais. Uma dessas mulheres seria Elefantis, que teria vivido, aproximadamente, no século 01 AEC e falado sobre o uso de sangue menstrual como abortivo, diferentemente de outra mulher chamada Laís, que o indicava para aumentar a fertilidade. A contradição das visões de ambas fez Plínio questionar as recomendações das duas, o que foi sensato da sua parte, visto que o sangue menstrual não serve para um propósito ou para o outro.

Alguns estudiosos se referem a Elefantis e Laís como parteiras, porém nem uma delas é designada desse modo por Plínio. Ele mantém uma ambiguidade sobre a profissão das duas, sobretudo, ao comentar que: "[...] não apenas obstetras, como prostitutas" usavam sangue menstrual para diferentes propósitos médicos. Ademais, sabendo-se que havia uma Elefantis e uma Laís que eram conhecidas por serem cortesãs, podemos nos perguntar se elas não seriam as mesmas autoras citadas por Plínio. Como diz Flemming (2007, p. 274):

> No mundo discursivo de *História Natural*, obstetras e meretrizes são identificadas e designadas como experts em um tipo de conhecimento feminino inato que é essencialmente sobre ser uma mulher, em vez de ser baseado em algum tipo de treino ou compreensão teórica. Elas falam diretamente dos seus corpos e experiências, adquirindo autoridade por terem uma relação particularmente próxima, subsumida, e determinante com cer-

---

7 *História Natural* de Plínio, o Velho – Uma obra em 37 volumes, tratando de diversos conhecimentos gerais, tais como geografia, zoologia, mineralogia, medicina, artes e antropologia. É considerada uma das primeiras enciclopédias do mundo.

tos aspectos daquela corporificação. Essa intermutabilidade, e a função inerentemente feminina dessas figuras e categorias, portanto torna ambas as tentativas de distinguir entre, por exemplo, Elefantis (ou Salpe), a autora médica, de Elefantis, a pornógrafa, e de identificar mulheres reais, sejam parteiras ou prostitutas, por trás dessas denominações, inúteis e equivocadas.

O médico grego Cláudio Galeno (aprox. 129 – 217 EC) cita uma Elefantis, possivelmente a mesma mencionada por Plínio, que teria uma receita para a calvície. Cosmética é outro ramo no qual as opiniões de prostitutas também eram reconhecidas, então a dúvida sobre a profissão de Elefantis permanece.

Presumindo que essa Elefantis fosse a cortesã citada em outras fontes, ela também teria sido a autora de textos eróticos, inclusive de um manual do sexo ilustrado com diferentes posições sexuais, cujas poesias eróticas, segundo Suetonius, eram admiradas pelo imperador Tibério. Se esse for o caso, o nome "Elefantis", provavelmente, foi derivado do animal "Elefante". Era costume que cortesãs usassem nomes de animais.

Por outro lado, se Elefantis tiver sido apenas uma parteira, seu nome pode ter sido derivado da cidade de Elefantine, perto do Nilo, e ser um possível lugar de origem dela.

Infelizmente, os registros históricos e referências acerca de Elefantis deixam mais questões do que respostas. "Elefantis" pode ter sido um nome usado por um ou mais autores homens para falar de fertilidade e cosméticos, temas que seriam mais apropriados de serem comentados por cortesãs ou parteiras. Também é possível que "Elefantis" tenha sido uma cortesã que escreveu receitas médicas se baseando nas suas experiências ou crenças. Por fim, há a possibilidade de que tenha existido uma Elefantis parteira e autora de textos médicos e uma Elefantis cortesã e autora de textos eróticos.

É difícil determinar qual dessas estórias é verdadeira, mas seja qual for o caso, as três versões ensinam algo sobre o escopo feminino das ciências, sobre as visões que se tinham a respeito do corpo da mulher e daqueles que tinham propriedade para opinar sobre esse assunto.

FANG

China. Século 01 AEC.

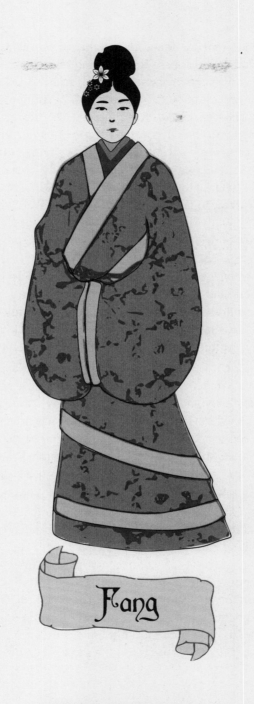

As mulheres na ciência *Antiguidade*

A alquimia tem sua fama no imaginário popular como algo mágico e misterioso. Essa imagem não é sem razão, uma vez que os alquimistas, propositalmente, eram vagos e enigmáticos ao escreverem suas fórmulas e experimentos, por não quererem que sua concorrência pudesse se apropriar das suas técnicas. Quando nos deparamos com textos de alquimia que falam, por exemplo, de "um dragão frio" que "entra e sai de cavernas", parece que estamos mesmo lendo uma estória fantasiosa. Todavia, segundo Richard Coniff (2014), em uma possível interpretação científica do texto, o "dragão" em questão seria nitrato de potássio, uma substância cristalina encontrada em cavernas, que causa um efeito de frio na língua.

Reinterpretando algumas das fórmulas misteriosas dos alquimistas, sob o viés de que estão codificadas, podemos percebê-las como experimentos científicos legítimos e pioneiros. Nesse sentido, apesar dos aspectos de pseudociência da alquimia, muitos acadêmicos hoje a reconhecem como parte das origens dos estudos de Química (RAYNER-CANHAM; PRINCIPE; NEWMAN).

Além de identificarmos as contribuições científicas advindas da alquimia, também é interessante reconhecermos que ela não era uma exclusividade ocidental. A China e a Índia possuem sua própria história de alquimia, e embora suas origens que não sejam tão conhecidas como as da Grécia, Egito e Oriente Médio, há indícios que sugerem que elas antecederam a Era Comum.

Na China, o imperador Jing de Han (188 – 141 AEC) ordenou em 144 AEC que pessoas que produzissem ouro falso fossem executadas em público. Em 60 AEC, o imperador Xuan de Han (91 – 49 AEC) contratou um intelectual chamado Liu Hsiang para produzir ouro e prolongar sua vida, e este caiu em desgraça ao não conseguir fazer o ouro – um indicativo, segundo Jean Cooper (2016), que a alquimia era um campo bem estabelecido na China nesse ponto. Tratando-se dos alquimistas chineses da Antiguidade, temos, por exemplo, Tsou Yen, que teria sido o primeiro a combinar a busca por ouro e por um elixir da vida, e Fang, uma das primeiras mulheres alquimistas de que se tem registro no mundo, sobre quem nós falaremos neste capítulo.

Fang, conhecida apenas por seu sobrenome, viveu no século 01 AEC. A história dela foi contada pelo alquimista Ko Hung (283 – 343 EC) em um livro chamado *O mestre que abraça a simplicidade (Pao-p'u-tzu)*[8]. Segundo o autor, Fang era uma mulher bem-educada, que nasceu em uma família de alquimistas e foi educada nesse ofício por uma das consortes preferidas do imperador Han Wu Ti. Ela se casou com um homem que também era um alquimista, chamado Cheng Wei, um membro da corte imperial de Huang-Men Lang. O objetivo de Cheng Wei em relação à alquimia era a produção de ouro e prata, chamada pelos alquimistas chineses de "a arte do amarelo e branco". Os seus métodos eram retirados de um livro chamado *O grande tesouro (Hung Pao)* da coleção *Fronha confidencial (Chen chung)* – o nome da coleção fazia referência ao fato de que o texto era escondido em fronhas por ser prestigioso.

A alquimia chinesa era bastante ligada com conceitos da filosofia do taoísmo. Ela utilizava, por exemplo, o princípio do *yin* e *yang* para conceituar substâncias, instrumentos, números etc. Diferentemente da alquimia do ocidente, que objetivava a produção de ouro por meio de uma Pedra Filosofal (um objeto que teria a capacidade transformar qualquer metal comum em ouro), a alquimia chinesa era voltada, principalmente, à busca por longevidade e imortalidade por meio de um Elixir da Vida. Ela fazia uma distinção clara entre a alquimia externa, que era mais voltada a experimentos laboratoriais, e a alquimia interna, que era mais espiritual.

Para autores como Ko Hung, que valorizavam a alquimia interna, os resultados da alquimia externa refletiam as virtudes do alquimista. Eles priorizavam o desenvolvimento es-

---

8 O mestre que abraça a simplicidade (Pao-p'u-tzu) – Obra confucionista-taoísta do século 04. Knechtges (1968, p.227) considera a primeira parte da obra, chamada de *nei-p'ien*, que trata das ideias taoístas do autor, como uma "uma das fontes mais importantes sobre Taoísmo e alquimia do período das Seis Dinastias".

piritual e menosprezavam alquimistas gananciosos que buscavam ouro e poderes psíquicos, chamados jocosamente de "sopradores inferiores" ou "baiacus".

Ko Hung dizia que o adepto do Taoismo considerava:

> O pariato como um caldeirão de execução, um selo de ofício como uma veste fúnebre, ouro e jade como poeira, um corredor esplêndido como uma prisão. Quão diferente ele é dos pseudoalquimistas que, cerrando os punhos, dizem frases vazias da boca e esperam por boa sorte, ou que levam uma vida relaxada em um quarto suntuoso, adornado com vários subsídios, apontados para altos cargos, e que ainda estão descontentes com seu poder e riqueza (COOPER apud HUNG, 2016, p. 10).

Cheng Wei, um desses alquimistas ambiciosos que Ho Kung desprezava, não conseguiu produzir ouro ou prata, apesar dos seus esforços contínuos. Fang, por sua vez, fez uma tentativa e foi capaz de "criar" prata, colocando alguma substância em um instrumento de alquimia. Surpreso, Cheng Wei indagou como ela tinha esse conhecimento e por que ela não havia o compartilhado com ele. A resposta dela foi: "Ele não pode ser obtido a menos que alguém tenha o destino certo" (NEEDHAM, p. 38).

Essa parte da estória reflete de modo perceptível a filosofia de Ko Hung de priorização da alquimia interna em relação à externa, de uma vida simples e espiritual a uma vida de busca por riquezas. Pode-se inferir, com base nos ensinamentos do livro, que as virtudes de Fang teriam possibilitado que ela conseguisse resultados que seriam impossíveis para o seu marido ganancioso.

Na realidade, presumindo que os fatos ocorreram dessa forma, para realizar o feito de "transformar" uma substância em prata, Fang provavelmente usou uma técnica de extração de prata de um minério por meio do mercúrio, chamada amalgamação. Nessa técnica, os minérios contendo prata são esmagados, espalhados em uma superfície em área aberta e misturados com sal, sulfato de cobre e mercúrio por meio de enxadas e ancinhos. A mistura é deixada para descansar por alguns dias e, nesse tempo, ocorrem processos químicos que fazem os outros componentes do minério serem dissolvidos no mercúrio.

A substância resultante é misturada com água, a lama é jogada fora, e a amálgama que sobra é aquecida para que o mercúrio seja evaporado, deixando apenas prata para trás. Apesar dos perigos do mercúrio, um material tóxico prejudicial à saúde humana e à natureza, esse processo foi utilizado por cerca de 350 anos no Ocidente até ser substituído pela técnica de cianetação no século 19.

A amalgamação não "cria" prata, apenas ajuda na sua extração, contudo era fácil o engano de que prata estava sendo "criada" por meio dela, visto que esse processo ainda era desconhecido naquela época. Outra alquimista chinesa, Keng Hsien-Seng, que viveu, aproximadamente, no ano 975 EC, era reconhecida pela sua habilidade de transformar neve e mercúrio em prata, provavelmente utilizando essa mesma técnica que, no Ocidente, só seria descoberta em 1554, por Bartolomeu de Medina.

Cheng Wei não aceitou a resposta da sua esposa e tentou convencê-la a revelar seu segredo para produzir prata, dando roupas e comidas caras para ela. Todavia, quando ela continuou em silêncio sobre o assunto, ele recorreu à violência física e passou a chicoteá-la para fazê-la falar. Ele continuou a torturá-la até Fang ficar insana – o que pode ter sido causado pela tortura que ela estava sofrendo ou pelo envenenamento por mercúrio – e falecer.

Nas minhas fontes, encontrei duas versões, aparentemente, diferentes da morte dela que podem ter derivado de diferentes interpretações do mesmo evento. Esses detalhes, assim como outros dessa estória, são questionáveis, visto que a única fonte que temos da vida de Fang foi escrita por um homem que não era seu contemporâneo. Enquanto Rayner-Canham e Rayner-Canham (1998) dizem que Feng enlouqueceu e cometeu suicídio, Robin L. Gordon diz, com base em Needham (1954), que Fang enlouqueceu, correu sem roupas para o lado de fora, sujou-se de lama e morreu. Um final trágico, de uma forma ou de outra.

Infelizmente, um dos primeiros registros da existência de uma alquimista é também uma triste lembrança dos abusos que mulheres dessa época podiam sofrer nas mãos dos homens.

MARIA PROFETISA

Lugar Indeterminado. Aprox. século 03 EC.

As origens exatas da alquimia, assim como a própria alquimia, são cercadas de mistérios. Acredita-se que a palavra "alquimia" possa ter vindo do grego "khemeioa", um nome para o Egito que significava "terra da areia negra", ou do grego "kymatos", "aquilo que é jorrado". Posteriormente, ela foi combinada com a abreviação "al", um artigo definido árabe, dando origem à palavra árabe "al-kimiya" e depois à palavra "alkimia" em latim medieval. Esta, por sua vez, gerou a palavra francesa "alchimie", também adotada pelo inglês no século 14. Ela foi muito usada até que a palavra "chymist" (química) surgiu como derivação dela no inglês, aproximadamente em 1560, popularizando-se no século 17. Com o surgimento da palavra "chymist", foi estabelecida, gradativamente, uma distinção mais clara entre a química, ciência exata, e a alquimia, uma mistura de química com esoterismo/religião/filosofia, que existia desde a Antiguidade.

Os mais antigos registros que temos do que consideramos alquimia, uma química misturada com misticismo, são provenientes do Egito e da Mesopotâmia. O autor R. J. Forbes (1953), considerando vários textos, com elementos de alquimia, escritos na Mesopotâmia entre o tempo dos sumérios e dos neobabilônicos, acredita que "Nós temos provas definitivas de que a astrologia (e provavelmente a alquimia também), tenha se originado na Mesopotâmia, não no Egito [...]" e que "depois de seu período de incubação na Mesopotâmia, a alquimia, junto a outras teorias, chegou em Alexandria, o grande centro das ciências helenísticas, onde foi cristalizada em uma doutrina definida pelos gregos lógicos".

Quer tenha surgido originalmente no Egito ou na Mesopotâmia, as evidências históricas apontam que foi no Egito helenístico, em Alexandria, que a alquimia passou a ser assimilada pelos greco-romanos. Nesse período histórico, o império romano estava dominando diferentes regiões na Europa, Ásia e África; trazendo sua influência cultural aos locais, mas também sendo influenciado por eles. A cidade de Alexandria, em particular, era um centro intelectual onde diversas culturas conviviam, portanto, não é de se surpreender que muitos dos primeiros autores de alquimia do Ocidente tenham ali vivido.

Uma das fontes mais antigas que temos sobre alquimia ocidental, e a primeira que temos da alquimia da Grécia Antiga, é Zózimo de Panópolis (aprox. 300 EC). Ele foi um alquimista e autor grego, que viveu no Egito helenístico. Os seus trabalhos referenciavam com frequência os textos e ensinamentos de alquimistas mais antigos, reconhecidos por ele como "sábios". Dentre esses sábios, havia uma mulher chamada "a divina Maria", "Maria, a Judia" ou "Maria Profetisa", uma das primeiras alquimistas de que se tem registro no Ocidente. Será nela que nos focaremos neste capítulo.

Os detalhes da vida pessoal de Maria ainda são desconhecidos. Zózimo, nossa principal fonte sobre ela, não falou muito desse tópico, preferindo se focar no trabalho dela. Alguns autores especulam que Maria morava no Egito, provavelmente pelo fato de que esse era o lugar onde viviam Zózimo e outros alquimistas pioneiros. Não temos evidências o suficiente para determinar esse ponto, podemos apenas estipular *quando* ela vivia. Considerando-se que Zózimo parece ter vivido no final do século 03 e início do século 04, e que ele se referia à Maria como uma antiga fonte de conhecimentos, conclui-se que ela viveu no início do século 03 ou antes disso. Segundo o alquimista árabe Al-Habib, ela era uma discípula de (Pseudo)Demócrito – outra influência de Zózimo – e a professora de um estudante chamado Aros.

Em algum ponto na história, começou-se a se dizer que Maria seria uma irmã de Moisés. Essa estória foi provavelmente inventada para conferir um ar místico para ela, como ocorria com frequência com alquimistas. Mesmo sem ter sido irmã de Moisés, é bastante provável que ela tenha sido mesmo uma mulher judia, visto que há manuscritos gregos que registram que ela dizia que ser da "raça de Abraão" e, inclusive, que acreditava ser uma alquimista melhor do que os gentios por conta disso. Esses manuscritos revelam que ela teria dito "Não toque na pedra filosofal com as suas mãos; você não é da nossa raça, não é da raça de Abraão". De acordo com Olimpiodorus, ela também teria dito "Se você não é da nossa raça (judia), você não pode tocá-la (a pedra filosofal), pois a Arte é especial, não comum.". Ela atribuía a Deus seus conhecimentos de como fazer certos procedimentos de alquimia, dizendo que ele teria os revelado para ela.

Os primeiros registros sobre Maria apontam que ela era uma intelectual que construía e utilizava vários instrumentos de laboratório para fazer alquimia, sendo muitos deles fornos e destiladores. É possível, mas não certo, que ela tenha inventado alguns deles. As descrições e instruções dela são citadas detalhadamente por Zózimo, contudo a escrita dele não explicita se os instrumentos descritos por ela foram invenções dela ou apenas parte do seu laboratório. Como não temos nenhum texto deixado por ela, torna-se ainda mais difícil fazer essa distinção.

Devemos destacar, no entanto, que as descrições de Maria, ainda que talvez não sejam de invenções suas, são importantes tanto pela influência que deixaram nos cientistas da época, quanto pelo seu valor como registro histórico.

A descrição mais antiga que temos de um destilador é de autoria de Maria. O equipamento em questão seria um kerotakis, usado para aquecer substâncias e extrair seu vapor. Kerotakis passaram a ser muito utilizados por alquimistas para expor chumbo e cobre a vapores de enxofre, mercúrio e arsênico, o que fazia com que os metais mudassem de cor ou ficassem mais maleáveis. Essa mudança era considerada parte do processo necessário para uma transmutação de ouro.

Outro destilador descrito por Maria foi o tribikos, cuja descrição parece ser citada diretamente por Zózimo no seu texto "Sobre Fornos e Aparatos". O tribikos tinha uma estrutura mais complexa e permitia a coleta da substância destilada em três recipientes de uma vez.

Maria também descreveu um equipamento chamado "banho maria": um recipiente de paredes duplas, que podia ser levado diretamente ao fogo. Ele tinha uma parte externa contendo água para ferver, e uma parte interna na qual ficava uma substância que precisava ser aquecida moderadamente. Esse equipamento é a origem do termo "banho maria", ainda usado, por exemplo, no português, francês e alemão, para descrever o procedimento de aquecer uma substância em um recipiente, dentro de outro recipiente contendo água fervendo. Por conta do nome, acredita-se comumente que o "banho maria" teria sido uma invenção de Maria. Entretanto, de acordo com o historiador Edmund Lippmann, Hipócrates e Teofrasto teriam descrito instrumentos similares, apesar de terem vivido muito antes dela. É mais provável que ela tenha popularizado o "banho maria", e não o inventado.

Um detalhe interessante sobre o equipamento de Maria é que ela gostava de utilizar vidro com bastante frequência. Ela considerava o vidro um material útil por permitir a visualização e manipulação de substâncias com as quais ela não queria ter contato direto, como o mercúrio, que ela corretamente percebia como tóxico, descrevendo-o como "o veneno tóxico, já que ele dissolve ouro e os mais nocivos dos metais". Na descrição de um tribikos, ela instrui que se utilizem na sua construção "recipientes de vidro, largos e fortes, para que eles não quebrem com o calor vindo da água no meio".

Um motivo pelo qual Maria tinha tanto prestígio entre alquimistas seria porque ela era uma das poucas pessoas, supostamente, capazes de conseguir criar uma pedra filosofal. A pedra filosofal, um objeto capaz de transformar qualquer metal em ouro, era uma das maiores buscas dos alquimistas do Ocidente, o que fazia de Maria uma inspiração para muitos deles.

Maria deixou uma receita enigmática de como produzir essa pedra, com trechos como "inverta a natureza e você encontrará o que precisa" e "combine o masculino e o feminino e você encontrará o que precisa". Como foi dito no capítulo anterior, as receitas de alquimistas eram propositalmente vagas para que não fossem imitadas pela concorrência. É difícil determinar o que ela realmente conseguia criar com essa fórmula, embora certamente não tenha sido uma pedra que transformava qualquer metal em ouro.

Essas formas misteriosas de escrever dos alquimistas continuaram intrigando pensadores ao longo dos séculos. O famoso psicólogo Carl Jung considerou uma frase de Maria, "De dois, um deve fazer três, de quatro, fazer um, de dois, fazer um", como um dos grandes axiomas da alquimia, buscando nele um profundo significado psicológico.

Como é o caso com muitas mulheres da Antiguidade, é difícil saber quantos detalhes da história de Maria são verdadeiros, principalmente com a ausência de fontes contemporâneas dela. O certo é que os registros deixados sobre o seu trabalho tiveram uma grande influência nos alquimistas que a sucederam e, consequentemente, nos químicos que vieram depois deles.

ASPÁSIA

Grécia. Aprox. 04 EC.

Como vimos em capítulos anteriores, há muitas referências a parteiras, médicas e autoras de textos médicos no período clássico. Textos, de autoria masculina, sobre assuntos ginecológicos tinham, muitas vezes, instruções voltadas para elas ou traziam citações de seus conselhos. Plínio, o Velho, por exemplo, cita várias profissionais da medicina em sua *História Natural*.

Além dessas referências na literatura, escritos funerários indicam o respeito que profissionais médicas recebiam pelo seu trabalho. Por exemplo, nos escritos funerários de uma mulher chamada Fanostrate de 350 AEC, estão as palavras "Fanostrate, uma parteira e médica, descansa aqui. Ela não causou dor a ninguém e todos lamentaram a sua morte". Outro escrito, feito para uma Pantéia no século 02 EC, diz as seguintes palavras:

"Receba, Pantéia, minha esposa, a despedida do seu esposo que foi lançado em eterno luto pelo destino que causou sua morte. Porque nunca Hera, a padroeira do casamento, viu uma esposa com tanta perfeição de beleza, temperamento e sabedoria como você. Você me deu filhos homens, minhas imagens. Você cuidava do seu marido e seus filhos. Você gerenciava a casa de forma capaz e, junto comigo, você desfrutou da fama de profissional médica porque, querida esposa, você não era menos qualificada do que eu nessa arte [...]".

Esse reconhecimento de mulheres da medicina não era expresso apenas após a sua morte. Em Lídia, no século 01 AEC, uma médica chamada Antiochis, filha de Diodotos, recebeu permissão oficial para erguer uma estátua de si mesma pela sua experiência em medicina. No século 04 EC, o autor Decimus Ausonius, falando da sua tia Emília Hilária, reconheceu-a como "tão experiente nos assuntos da medicina quanto qualquer homem.".

A prática médica feita por mulheres, particularmente por parteiras, é bem registrada e evidencia a presença feminina nesse ramo. Apesar disso, são poucos os textos médicos escritos sob nome feminino que sobreviveram até os dias atuais, e aqueles que são apenas referenciados por outros autores costumam despertar desconfiança quanto à sua legitimidade. Os mais antigos textos de medicina de uma autora que temos são os de Metrodora, escritos no século 02 ou 03 EC, que tratava de doenças do útero, do abdômen e dos rins, métodos anticoncepcionais, infertilidade e cirurgia cosmética. Das autoras médicas da Antiguidade, Metrodora é uma das mais conhecidas justamente por termos acesso ao seu trabalho. Rebecca Flemming também considera que a autenticidade da autoria de Metrodora é uma das mais prováveis dentre os exemplos que temos de autoras de textos médicos da Antiguidade.

Dito isso, nesse capítulo, falarei de uma figura menos conhecida chamada Aspásia, citada por um único autor, com um nome que significa "bem-vindo" (algo que se esperaria de um pseudônimo para o ramo da ginecologia), e cuja autoria dos seus supostos textos, por conta desses fatores, é mais questionável.

Minha razão para essa escolha peculiar seria porque os conselhos de Aspásia mostram exemplos interessantes de conhecimentos pioneiros avançados da medicina greco-romana; porque gosto de evidenciar mulheres menos conhecidas; e porque Rebecca Flemming, apesar de reconhecer que Aspásia provavelmente era um pseudônimo, também admite a possibilidade de que esse tipo de pseudônimo fosse usado por mulheres: "Uma mulher real pode ter escrito sob o nome de 'Cleópatra' ou 'Aspásia', por exemplo, por várias das mesmas razões pelas quais um homem o faria." Para esse livro, vamos imaginar o cenário mais interessante de que Aspásia tenha sido o pseudônimo de uma parteira grega.

Aspásia é citada pelo médico e cirurgião bizantino Aetius de Amida (? – 575 EC) na sua enciclopédia de medicina, *Tetrabilion*, escrita no século 06 EC. Ela teria vivido antes do século 06, provavelmente no século 04 EC. Ela é mencionada no 16º volume do *Tetrabilion*, que trata de assuntos ginecológicos, sendo referenciada em seus conhecimentos sobre gravidez, infertilidade, partos, anatomia do útero e menstruação. Ela é reconhecida pela sua capacidade de diagnóstico de posições fetais, de procedimentos em partos difíceis, e de tratamento da dismenorreia e amenorreia.

Tratando-se de anticoncepcionais e abortivos, a obra de Aetius traz alguns conselhos farmacológicos absurdos, como "(a mulher que não deseja engravidar) deve carregar o dente que caiu de uma criança pequena, desde que ele não tenha tocado o chão, e ele deve ser usado pela mulher dentro do anel de sinete". Os conselhos farmacológicos de Aspásia, em contraste com esses, indicavam o uso de substâncias naturais com propriedades, de fato, contraceptivas ou abortivas, tais como absinto e feno grego.

Aspásia, apesar de fazer várias recomendações para que mulheres não tivessem abortos espontâneos indesejados – como evitar exercícios e estresse – não se opunha a ajudar com abortos, fosse por ingestão de abortivos ou por cirurgia, especialmente quando o parto ofereceria perigo para a mãe.

Assim como seus conselhos farmacológicos, os conselhos cirúrgicos de Aspásia também refletem um bom nível de conhecimento sobre o corpo humano. Dentre eles, destacam-se os seus tratamentos para hemorroidas, varicoceles e hidroceles por terem resistido ao teste do tempo e perdurado com certa eficácia.

Hemorroidas são inchaços nas veias da região do ânus que podem causar dor, coceira e sangramentos. O risco de incidência delas aumenta na gravidez por conta do crescimento do útero e aumento de peso, fluxo de sangue aumentado e dilatação das veias da região anal. Cerca de 25 a 35% das mulheres grávidas têm hemorroidas (Staroselsky et al 2008; Abramowitz & Batallan 2003) e 8% delas têm hemorroidas externas e trombosadas (Abramowitz et al 2002). Elas tendem a ocorrer no segundo ou terceiro trimestre da gravidez.

O tratamento de hemorroidas, recomendado por Aspásia e adotado por Aetius na sua prática médica, foi: "Aquelas que estão duras, com mais prolapso e que podem sangrar, devem ser dissecadas iminentemente. Aquelas que estão sangrando precisam ser dissecadas depois de receberem uma incisão circularmente em torno de suas bases e serem apertadas em um laço." De acordo com Gregory e Marcos (2016):

"Aspásia deu uma descrição antiga de excisão cirúrgica de hemorroidas, um método usado até recentemente. Mesmo que hoje esse procedimento seja associado com significativa dor pós-operatória e longa recuperação, é digno de nota que ela sugeriu uma operação urgente para o que pode ser entendido como uma hemorroida prolapsada, trombosada e possivelmente rompida, uma condição médica que permanece até hoje como indicação acentuada de que um paciente deve ser operado."

Varicocele é a dilatação das veias que drenam o sangue testicular – seria o equivalente a varizes na bolsa testicular. Ela ocorre por conta de válvulas venosas incompetentes ou até mesmo ausentes nas veias espermáticas, geralmente ocorrendo com o início da puberdade, quando um indivíduo tem 12, 13 anos. Ela é uma das principais causas tratáveis de infertilidade em pessoas com um pênis.

O tratamento recomendado por Aspásia seria de ligadura e dissecação de cada veia com "[...] uma incisão linear, separação suave dos tecidos adjacentes, ligadura do vaso através de laços e, depois disso, sua excisão. A mesma técnica deve ser seguida para cada uma das veias com varicoceles". Gregory e Marcos (2016) dizem que "Essa seria, na verdade, uma varicocelectomia subinguinal aberta, não muito distante dos métodos atuais".

Por fim, hidrocele seria o acúmulo de líquido na túnica vaginal do testículo, a membrana que o cobre. Ela causa inchaço e a impressão de que um testículo é maior do que o outro. Normalmente, ela ocorre em recém-nascidos, mas também pode se manifestar em crianças.

O método de tratamento de hidrocele recomendado por Aspásia seria o seguinte: "A incisão deve ser linear, simétrica ao nódulo. Após dividir a pele superficial e separar os tecidos subjacentes, cortamos o tegumento que contém o fluido por meio de uma pinça cirúrgica cauterizada. Quando o fluido se esgota, fazemos uma demarcação circular e removemos o pus para finalmente passarmos duas ou três suturas pelos lábios da incisão.". De acordo com Gregory e Marcos (2016):

"A técnica de Aspásia se assemelha à hidrocelectomia típica, em que a túnica vaginal é excisada, o fluido é drenado e as bordas da túnica são suturadas para impedir a reativação do fluido, uma opção ainda muito aceitável."

Os conselhos de Aspásia indicam que ela era uma profissional bastante completa com capacidade de diagnosticar, de passar remédios e de fazer cirurgias. Ela era familiarizada não apenas com a ginecologia, como também com a urologia.

Independentemente de Aspásia ser uma mulher ou não, é significativo que um nome feminino tenha sido associado à saúde genital de homens e mulheres, marcando um reconhecimento das mulheres (parteiras, médicas, parteiras-médicas) da Antiguidade como aptas a dar conselhos para a saúde de todos os sexos.

PANDROSION

Egito. Aprox. século 04 EC.

As mulheres na ciência *Antiguidade*

Em Alexandria, no início do século 04 EC, havia um matemático chamado Papo que deixou contribuições significativas para a geometria e história da matemática. Ele também foi um professor e autor de vários textos científicos, como comentários sobre *Elementos* de Euclides e do *Amalgest* de Ptolomeu. Um dia, Papo começou a receber alunos que usavam técnicas diferentes das suas para resolver certos problemas matemáticos. Desaprovando esses métodos, ele decidiu dedicar o volume 3 da sua *Coleção*, um conjunto de textos de sua autoria, a fazer críticas a eles e à sua professora, Pandrosion. "Certas pessoas que dizem ter aprendido matemática com você traçam seus problemas de uma forma que parece ser incompetente", ele comenta.

O primeiro estudante teria resolvido um problema de duplicação do cubo. O problema da duplicação do cubo, também chamado de Problema Délio, era um dos clássicos da Antiguidade. Ele consistia nisto: dada a aresta de um cubo, crie um segundo cubo com o dobro do volume do anterior, usando régua e compasso. A razão pela qual esse problema é conhecido como Problema Délio seria porque uma das suas lendas de origem seria esta:

"Na sua obra intitulada Platonicus, Erastóstenes relata que quando o deus anunciou aos habitantes de Delos, através dum oráculo, que se queriam ver-se livres de uma praga deveriam construir um altar duplo daquele que existia, os artífices ficaram muito embaraçados por não serem capazes de descobrir como um sólido podia ser duplicado mantendo a sua forma. Foram perguntar a Platão como o haviam de fazer, tendo este respondido que o significado das palavras do oráculo não era que o deus queria duplicar o altar, mas que o seu desejo, ao dar-lhes esta tarefa, era envergonhar os gregos pela sua indiferença pela matemática e pela sua ignorância no que diz respeito à geometria." (citado em: [Wal], p. 161).

O aluno de Pandrosion, para resolver o Problema Délio, usou régua e compasso, e um método de geometria plana, provavelmente baseado no do matemático Erastóstenes. Papo reclamou da solução do aluno, dizendo que os seus resultados só seriam exatos caso os valores procurados fossem fornecidos de antemão, e afirmando que era impossível resolver o Problema Délio apenas com régua e compasso. De fato, em 1837, Pierre Wantzel provou que esse problema é impossível de resolver com régua e compasso porque o resultado dele não é um número construível. No entanto, conforme nos diz Knorr (1989) em defesa desse aluno e de sua professora, "Apesar da hostilidade de Papo a isso, estudiosos modernos consideram que esse método tem mérito, não como uma forma de encontrar a solução, mas como um procedimento de aproximação".

O segundo estudante resolveu o problema de mostrar a média aritmética, geométrica e harmônica de um semicírculo, colocando quatro linhas nele. Papo reconheceu que esse método revelava a média aritmética e geométrica, porém não o aceitou como válido, porque o estudante não disse explicitamente como encontrou a média harmônica, ainda que essa informação estivesse implícita na solução apresentada. Como diz Edward J. Watts (2017), "A explicação em falta que Papo achava que condenava a abordagem de Pandrosion teria sido, essencialmente, um acréscimo supérfluo para uma discussão, de outro modo, bem encerrada. Aqui, também, um exame moderno do método empregado pelo estudante de Pandrosion confirma que ele funcionaria tão bem quanto aquele com o qual Papo queria substituí-lo".

Esse segundo estudante também tentou resolver um problema de construir, dentro de um triângulo e em parte da sua base, outro triângulo cujos dois lados juntos seriam maiores do que os dois lados do triângulo o contendo. Papo diz que esse problema foi mal elaborado e que a solução dele é provada de forma "inexperiente". Curiosamente, esse problema e solução aparecem praticamente da mesma forma nos comentários de Proclus do livro 1 dos *Elementos* de Euclides, que pode ter sido a leitura na qual o aluno se baseou para esse exercício.

Além de injusto, Papo foi bastante implicante em relação a Padrosion e seus alunos. Em um ponto, ele comenta que os estudantes dela às vezes confundiam "problema" e "teorema", e faz uma explicação sobre os dois termos, afirmando que a academia deveria censurar os professores que não soubessem a diferença entre eles.

Como diz Gabrielle Birchak, em relação a um dos comentários depreciativos de Papo sobre os alunos de Pandrosion: "Isso não seria tão insultante se Papo estivesse sendo descortês com Pandrosion. No entanto, não era isso. Ele estava debochando de um dos alunos dela! O equivalente nos dias de hoje seria se um matemático renomado ridicularizasse um estudante da graduação e sua orientadora em um livro de matemática, que seria comumente utilizado em uma universidade."

Ironicamente, como Papo foi a nossa única fonte sobrevivente sobre Pandrosion, tudo que sabemos sobre a sua vida veio do texto que ele fez para criticá-la. Por conta dele, sabemos que ela provavelmente viveu em Alexandria no início do século 04 EC, ensinava matemática para garotos, e provavelmente era boa nisso, apesar das críticas de Papo (que também criticou outros matemáticos contemporâneos dele).

Alguns autores como Wilbur Richard Knorr, Gabrielle Birchak e Edward J. Watts, analisando as soluções dos estudantes de Pandrosion, acreditam que Papo foi particularmente severo em relação a elas, o que poderia sugerir que ele considerava a professora como uma rival.

Hoje, muitos estudiosos consideram que Pandrosion é uma das primeiras mulheres de que se tem registro na história da matemática e essa é a sua principal relevância histórica. No entanto, não foi assim sempre. Por séculos, ela foi tratada como um homem nas traduções dos textos de Papo. Somente no século 20, alguns historiadores começaram a questionar a identidade masculina que era atribuída para Pandrosion, uma pessoa que tinha um nome feminino e era tratada no feminino no texto original.

O nome Pandrosion é, na verdade, um apelido para o nome feminino Pândroso, equivalente a um "Gabby" para o nome Gabriela. Confirmando o aspecto feminino desse nome, no texto original, Pandrosion não apenas é referida no vocativo feminino, como o adjetivo ao lado do seu nome, que é utilizado para identificar o gênero de um nome em grego, está no feminino também. Os indícios mais lógicos e claros mostram que Papo estava falando de uma mulher.

A despeito disso, tradutores ao longo da história apagaram, com frequência, a identidade feminina de Pandrosion, sem muita justificativa, e até fazendo alterações significativas no texto para acomodar essa interpretação. Na tradução de Frederico Commandino para o Latim em 1589, além de ser tratada no masculino, ela não é chamada pelo seu nome, e sim pelo epíteto Crastite. Na tradução de 1886, também para o Latim, feita por Friederich Hultsch, novamente, ela é tratada no masculino.

Nesse último caso, temos uma justificativa, ainda que não muito convincente. Segundo Hultsch, como havia um nome tipicamente feminino no texto ("Megethion") sendo usado para se referir a um homem, ele concluiu que o caso de Pandrosion devia ser o mesmo. Essa tradução mudou a forma mais simples de interpretação, *lectio facilior*, em que Pandrosion seria uma mulher, para uma forma mais complicada, *lectio difficilior*, em que Pandrosion seria um homem sendo tratado no feminino.

Normalmente, tradutores devem ficar atentos para preservar uma *lectio difficilior*, visto que elas tendem a ser simplificadas para uma *lectio facilior*. Como diz Huygens:

"A ideia básica por trás desse termo [lectio difficilior] é que um lectio difficilior é mais provável de ser simplificado em um lectio facilior do que o contrário... Em geral, isso pode ser verdade, mas é necessário que se tenha ciência da armadilha escondida por baixo desse princípio aparentemente razoável: muito absurdo já foi impresso simplesmente porque uma palavra ou construção era menos comum ou correta do que a alternativa" (HUYGENS, 2000, citado em MCLAUGHLIN, 2004).

Todavia, como a autora Gráinne McLaughlin comenta sobre esse trecho de Hyugens:

"Hyugens está, é claro, falando sobre 'absurdo' em relação a leituras que são sem sentido ou bobagens em termos linguísticos, com o resultado desse princípio sendo aplicado cegamente. No entanto, se nós aceitarmos esse argumento, nós devemos nos perguntar a seguinte questão: no caso de Pandrosion, a substituição editorial da forma masculina no lugar da feminina é explicável, senão justificável, mesmo que, parcialmente, com base no fato de que é 'absurdo' imaginar que Pandrosion era um intelectual de calibre e uma mulher? Seria esse um caso de presunções sobre gênero e preconceitos operando sob o pretexto da objetividade atribuída a criticismo textual?"

O ponto levantado por McLaughlin é bastante pertinente. Qual foi o real motivo que levou (e ainda leva, no caso de alguns estudiosos) Pandrosion a ser tratada como um homem? Os indícios linguísticos apontam para uma identidade feminina, portanto não se trata disso. Conforme comenta a autora, provavelmente essa escolha foi uma questão de sexismo. A existência de uma professora de matemática do século 04 EC, principalmente uma que rivalizava com Papo, deve ter sido considerada tão absurda pelos tradutores que eles acharam mais simples mudar o texto em si do que mudar sua perspectiva do que mulheres teriam sido capazes de alcançar nessa época. Podemos presumir que seria muito difícil que um homem, referido como tal de forma clara, tivesse seu gênero tão decididamente contestado.

Como vimos acontecer com Pandrosion, a história das mulheres é uma sempre à beira de ser apagada. Ela foi pouco registrada e é muito questionada. Ela é pouco ensinada nas instituições de ensino e não é muito acessível para a maioria das pessoas, o que torna fácil com que ela se perca. Há uma frase de uma cientista chamada Hertha Ayrton que acho que se encaixa muito bem como conclusão desse texto:

"Erros são notoriamente difíceis de matar, mas um erro que atribui a um homem o trabalho que, na verdade, era de uma mulher, tem mais vidas do que um gato."

HIPÁTIA DE ALEXANDRIA

Egito. Aprox. 350 – 415 EC

As mulheres na ciência *Antiguidade*

O período entre a morte do imperador Alexandre, o Grande, e a mudança da capital do Império Romano para Constantinopla é chamado por historiadores de período helenístico. Ele foi marcado pela extensão do domínio romano pela Europa e partes da Ásia e da África e pela consequente extensão da cultura helenística (grega) para essas regiões, o que explica a nomenclatura do período. Nessa época, houve a construção de importantes bibliotecas, melhorias na arquitetura e desenvolvimento da arte.

É importante falar do período helenístico, antes de falar de Hipátia, pois as raízes do modelo educacional desenvolvido nesse período – focado na linguagem e cultura grega – continuaram presentes no século 04 EC, na Alexandria sob domínio romano, contexto no qual essa figura histórica viveu. Essa cidade era, e continuaria sendo por muitos anos, um centro de cultura e conhecimento. Ainda assim, nem todos os seus habitantes tinham as mesmas oportunidades de receber uma boa educação.

Egípcios (sem ascendência grega) eram frequentemente excluídos como alunos por conta da barreira linguística e mulheres geralmente tinham acesso somente a uma educação elementar, dos cinco aos doze anos, na qual elas aprendiam o básico da leitura e da escrita – coisas como escrever a própria assinatura e ter a capacidade de copiar um texto mesmo sem entendê-lo – e um pouco de matemática. Basicamente, apenas o que era necessário para que administrassem uma casa no futuro. Muitas mulheres acabavam analfabetas, tendo que contar com um escriba ou com um membro da sua família para escreverem cartas para elas.

No entanto, nesse mesmo século, contradizendo as baixas expectativas que existiam em relação à formação educacional das mulheres, houve um pai no Egito que quis realmente investir na educação de sua filha, e ela se tornou uma grande matemática, astrônoma e filósofa chamada Hipátia de Alexandria.

Hipátia nasceu aproximadamente em 350 EC no Egito. O seu pai era o matemático e astrônomo Téon, membro do Mouseion, uma instituição que combinava a faculdade, a biblioteca e o museu de Alexandria. Não se contentando que Hipátia tivesse apenas o ensino básico, ele se encarregou de ensinar matemática, geometria e astronomia para ela. Não se sabe ao certo os seus motivos para tanto, mas o investimento dele na educação da sua filha é particularmente surpreendente quando se considera que, possivelmente, ela tinha um irmão chamado Atanásio, e não era, portanto, a única opção de sucessão para ele.

Seja quais tiverem sido as razões de Téon para educar Hipátia, ela foi além das expectativas dele, aprendendo filosofia (não se sabe se através de tutores, de forma autodidata ou em uma escola neoplatônica), embora ele não fosse, até onde se saiba, treinado nisso. Ela acabou se tornando uma excelente oradora e passou a dar discursos públicos sobre Platão, Aristóteles e outros filósofos, recebendo o reconhecimento de seus contemporâneos e sendo consultada por membros influentes da sociedade sobre os seus problemas.

Sócrates Escolástico (380 – 439 EC) a descreveu da seguinte forma no seu trabalho "História eclesiástica":

Havia uma mulher em Alexandria chamada Hipátia, filha do filósofo Téon, que fez tantas realizações na literatura e na ciência, que de longe superou todos os filósofos do seu próprio tempo. Tendo sucedido na escola de Platão e Plotinus, ela explicava os princípios da filosofia para os seus ouvintes, muitos vindo de longe para ouvir suas instruções. Por conta do seu autocontrole e compostura, que ela adquirira em consequência do cultivo da sua mente, não era incomum que ela aparecesse em público na presença de magistrados. Tampouco, sentia-se ela constrangida em ir para uma assembleia de homens. Porque todos os homens, devido à sua extraordinária dignidade e virtude, admiravam-na muito.

Hipátia se tornou uma importante e influente professora na cidade de Alexandria, com discípulos como Sinésio de Cirene (370 – 413 EC), que escreveu diversas cartas para ela, sempre falando dela em termos cheios de admiração e respeito.

Alguns estudiosos acreditam que ela pode ter sido a primeira mulher a fazer parte do Mouseion, partindo da presunção de que ela sucedeu Téon na sua posição na instituição. Há outros, no entanto, que duvidam dessa possibilidade, devido ao fato de que nos registros dos membros do Mouseion, Téon foi o último professor admitido no estabelecimento, achando mais provável que ela tenha sido uma professora desvinculada de uma instituição.

Além de dar aulas, Hipátia escreveu trabalhos que parecem ter o propósito de explicar conceitos matemáticos complexos de maneira simplificada, visando facilitar a compreensão dos seus discípulos desses assuntos. Ela escreveu comentários sobre *Os cônicos de Apolônio* e sobre *Aritmética* de Diofanto e ajudou seu pai com o comentário dele sobre o terceiro volume de *Almagest* de Ptolomeu. Não é improvável que ela possa ter feito outros trabalhos dos quais nós perdemos registro.

Pode-se especular também que Hipátia tenha sido uma inventora. Sinésio pede em uma carta que ela construa um hidrômetro para ele. Em outra, ao presentear uma pessoa com um astrolábio, ele diz:

"Esse é um trabalho elaborado por mim, com toda a ajuda fornecida por ela, minha mais reverenciada professora, e executada pela melhor mão que pode ser encontrada em nosso país na arte de metalúrgica."

Nenhuma dessas invenções era uma criação nova e não se sabe se Hipátia chegou a construir o hidrômetro ou não, tampouco quantas contribuições ela deu para a construção do astrolábio. Pode-se especular que Hipátia devia ter algum conhecimento para a construção de aparatos, visto que por duas vezes Sinésio foi atrás dela para pedir ajuda com isso.

Algumas fontes, como Dasmácio (458 – 550 EC), dizem que Hipátia nunca se casou e permaneceu virgem. Se esse tiver sido o caso, pode ter sido justamente por conta dos seus princípios filosóficos neoplatônicos que ela nunca quis esse tipo de relacionamento. Como Platão acreditava que o mundo físico era uma versão distorcida do mundo das ideias, relacionamentos amorosos acabavam sendo apenas estímulos para que pessoas seguissem meros anseios físicos em vez de se dedicarem ao cultivo louvável do intelecto, e consequentemente, não eram visados por alguns dos seus seguidores.

Dasmácio diz que um dos alunos de Hipátia se apaixonou por ela e passou a fazer-lhe ofertas de casamento. Em resposta, um belo dia, ela simplesmente tirou o seu pano sanitário (um absorvente antigo, assim digamos) na frente dele e mostrou o seu sangue dizendo "é isso que você ama, mas não a beleza pelo que ela realmente é". Naturalmente, o estudante em questão parou de pedi-la em casamento depois disso.

(Há a possibilidade de que esse incidente nunca tenha acontecido e tenha sido apenas uma anedota antiga depois contada como um fragmento biográfico.)

Infelizmente, apesar das suas contribuições à astronomia, matemática e filosofia, o que realmente fez Hipátia ser lembrada na história foi a forma como ela morreu.

Para explicar esse evento trágico, nós temos que parar um pouco a estória dela e explicar brevemente um conflito religioso que estava ocorrendo em Alexandria no seu tempo. Alexandria era um lugar onde pessoas de múltiplas religiões conviviam, mas na época de Hipátia, o cristianismo estava em clara ascensão e se tornando cada vez mais dominante na região. Ainda assim, havia muitas comunidades religiosas significativas em Alexandria e uma das maiores era a comunidade judaica. Durante o sabá, essa comunidade se unia para se divertir em espetáculos de dança e teatro. Supostamente por conta do caos que esses eventos movimentados causavam, Orestes, o governante de Alexandria em 415, passou um decreto com uma série de regulamentações para esses espetáculos de dança.

Pouco depois, o bispo de Alexandria, Cirilo, mandou um amigo para um desses eventos para, alegadamente, reportar o que acontecia neles. Judeus presentes no evento denunciaram que esse amigo do bispo se comportou como um "agente provocador", ou seja, como alguém que tinha ido ao evento com o propósito de incitar outros a quebrarem a lei para que eles fossem presos. Orestes mandou o acusado para a cadeia. Ao ser informado do que havia acontecido, Cirilo considerou as ações do Orestes como um ataque ao cristianismo, mesmo que Orestes fosse cristão também, e assim, um conflito feio entre esses dois líderes locais foi instaurado.

Houve boatos, houve brigas e houve mortes dos dois lados. De um lado, havia o Orestes apoiando a comunidade judaica por uma série de motivos, como equilíbrio econômico local e medo de que o crescimento da influência do Cirilo significasse uma redução na sua própria influência. Do outro, havia o Cirilo querendo acabar com as religiões pagãs em Alexandria e consolidar sua liderança local, considerando o Orestes como um inimigo do cristianismo por apoiar os judeus.

Em um certo ponto, Cirilo reuniu uma multidão cristã e expulsou todos os judeus de Alexandria, considerando-os oficialmente banidos da cidade e permitindo que pessoas se apossassem das propriedades deles. O Orestes prendeu uma série de inimigos seus envolvidos nisso e não só prendeu, como mandou torturar e executar um monge, depois visto como um mártir cristão, que o atingiu com uma pedra em um protesto. Ele escreveu uma carta para o imperador, pedindo ajuda para lidar com a situação. Cirilo, por sua vez, mandou uma carta para o imperador justificando as suas ações, basicamente dizendo que ele fez o que tinha que ser feito, tendo em conta a "conduta revoltante dos judeus".

Você deve estar se perguntando agora "e o que diabos tudo isso tem a ver com a Hipátia?". A primeira conclusão que deve vir à mente é que ela passou a ser perseguida por conta da sua religião e isso está correto, mas apenas parcialmente. A verdade é que as visões neoplatônicas de Hipátia eram consideradas pagãs, mas não eram realmente significativas na briga em questão. Além disso, a percepção que Hipátia tinha do neoplatonismo era, aparentemente, mais filosófica do que propriamente religiosa. Para os neoplatônicos, a busca pelo conhecimento era uma forma de alcançar o divino e, muitas vezes, o que seria esse divino para você não importava. Foi esse modo de pensar que permitiu que Hipátia tivesse alunos cristãos e pagãos. O seu aluno Sinésio, já citado aqui, não só era cristão, como chegou a ser um bispo.

Se essa não foi a questão, qual foi o envolvimento da Hipátia com essa briga toda?

Como o Orestes pedia conselhos a ela, uma série de rumores surgiram sobre a relação dos dois e sobre o caráter da Hipátia. Passou-se a dizer, na comunidade cristã de Alexandria, que a Hipátia tinha uma influência maligna sobre o Orestes e era a verdadeira culpada por tudo que estava acontecendo.

Por conta desses rumores, um dia, uma multidão cristã enfurecida desferiu um ataque brutal sobre ela. Eles a apanharam na rua, tirando-a da sua carruagem e a arrastaram até uma igreja, onde eles a esfolaram com pedaços de cerâmica, esquartejaram-na e queimaram os seus restos mortais, espalhando o que havia sobrado dela pela cidade.

Hipátia é uma figura feminina conhecida na história. Ela está em pinturas, poemas, livros, filmes. Todavia, essa fama não surgiu necessariamente pelo seu trabalho ou pela sua importância como figura feminina intelectual em uma sociedade predominantemente patriarcal. Houve outras mulheres matemáticas, astrônomas e filósofas no tempo de Hipátia, que não foram tão lembradas quanto ela ao longo dos anos. Lamentavelmente, foi a morte brutal dela, uma circunstância fora do seu controle, que realmente garantiu que ela fosse lembrada.

Hipátia acabou se tornando uma espécie de símbolo de certos conflitos, escolhidos de acordo com quem está contando a sua estória. Ela já foi usada como uma representação de "paganismo x cristianismo", "ciência x religião" etc. Interpretações sobre quem ela era como pessoa estão igualmente sujeitas a variações. Ela pode ser excessivamente idealizada em certas obras e completamente condenada em outras.

Há várias especulações sobre a vida de Hipátia que se popularizaram entre pessoas interessadas pela vida dela, que não podem ser confirmadas por nenhuma fonte confiável. Especulações como "Hipátia estudou durante algum tempo em Atenas", "Téon queria criar o ser humano perfeito ao educá-la", "ela aprendeu vários esportes como andar a cavalo e nadar" e "ela era linda e tinha ótimas proporções" não podem ser tomadas como fatos históricos ou mesmo como fortes possibilidades.

Debaixo das camadas de mitos sobre Hipátia, o fato é que ela existiu. Ela teve alunos, influência, e fez trabalhos científicos. Ela pode não ter sido a melhor cientista de todos os tempos ou a única cientista da sua época, mas ela tem uma importância histórica como uma figura feminina intelectual do período helenístico, que continuou lembrando às gerações seguintes que, em plena Antiguidade, uma mulher foi capaz de trabalhar com astronomia, matemática e filosofia e ser respeitada como intelectual.

O cinturão de asteroides, 238 Hipátia, uma cratera na lua, e um genus de borboleta, *symbrenthia hypatia chersonesia*, foram nomeados em homenagem a ela.

BIBLIOGRAFIA

ANDRÉ DA SILVA, Bueno. *O Extremo Oriente na Antiguidade*. Rio de Janeiro: Fundação CECIERJ, 2012. v. 1. ISBN 978-85-7648-808-8.

ANTIGUIDADE: Primeiras civilizações (Pré-história, Mesopotâmia e Egito). *Guia do estudante*, [201-?]. Disponível em: <https://guiadoestudante.abril.com.br/curso-enem-play/primeiras-civilizacoes-pre-historia-mesopotamia-e-egito/>. Acesso em 10/11/2021.

EGITO Antigo. *Britannica Escola*, [202-?]. Disponível em: <https://escola.britannica.com.br/artigo/Egito-antigo/481206>. Acesso em 10/11/2021

FUNARI, Pedro Paulo Abreu. *Antiguidade Clássica*: a História e a cultura em documentos. 2º. ed. Campinas, SP: Editora da Unicamp, 2003. ISBN 85-268-0634-3.

OLIVEIRA, Darcicléia. Antiguidade. *Educa+Brasil*, 2020. Disponível em: <https://www.educamaisbrasil.com.br/enem/historia/antiguidade>. Acesso em 10/11/2021

OS Hindus. *Históriazine*, 2019. Disponível em: <https://www.historiazine.com/2019/11/os-hindus.html>. Acesso em 10/11/2021

SOUSA, João Carlos Moreno. Arqueologia Pré-Histórica. *Arqueologia e Pré-História,* [200-?]. Disponível em: <https://arqueologiaprehistoria.com/subareas-da-arqueologia/arqueologia-pre-historica/>. Acesso em 10/11/2021

SOUSA, Rainer Gonçalves. Civilização indiana: História da Civilização Indiana. *História do Mundo*, [202-?]. Disponível em: <https://www.historiadomundo.com.br/indiana/civilizacao-indiana.htm>. Acesso em 10/11/2021

YOYOTTE, J. O Egito Faraônico: sociedade, economia e cultura. *In*: MOKHTAR, Gamal (ed.). *História Geral da África*. 2º. ed. rev. [*S. l.*]: UNESCO, 2010. v. 2, cap. 3, p. 69-96. ISBN 978-85-7652-124-2.

ABBRI, Ferdinando. Alchemy and Chemistry: Chemical Discourses in the 17th Century. *Early Science and Medicine*, [*s. l.*], v. 5, ed. 2, p. 214-226, 2000.

ANCIENT Astronomy. *Lumen*, [201?]. Disponível em: <https://courses.lumenlearning.com/astronomy/chapter/ancient-astronomy/>. Acesso em 10/11/2021

BERGGREN, John L et al. Mathematics. *Britannica*, 2020. Disponível em: <https://www.britannica.com/science/mathematics>. Acesso em 10/11/2021

KOLALA, Reshma. The Roots of Chemistry: How the Ancient Tradition of Alchemy Influenced Modern Scientific Thought. *The Aggie Transcript*, 2020.

MAGNER, Lois N. *A History of Medicine*. Nova York: M.Dekker, 1992. ISBN 9780824786731.

O'CONNOR, J.J; ROBERTSON, E.F. Greek astronomy. *MacTutor*, 1999. Disponível em: < https://mathshistory.st-andrews.ac.uk/HistTopics/Greek_astronomy/>. Acesso em 10/11/2021

OLIVEIRA, Agamenon R.E. A History of Ancient Mechanics: From Aristotle to Pappus. *In*: CECCARELLI, Marco (ed.). *International Symposium on History of Machines and Mechanisms Proceedings HMM 2000*. Dordretch, Holanda: Springer Science + Business Media, 2000. p. 253-261. ISBN 978-90-481-5485-2.

PARTINGTON, James Riddick. *A Short History of Chemistry*. 3°. ed. rev. e aum. Nova York: Dover Publications, 1989. ISBN 0-486-65977-1.

RAYNER-CANHAM, Marelene; RAYNER-CANHAM, Geoff. *Women in Chemistry*: Their Changing Roles from Alchemical Times to the Mid-Twentieth Century. Filadélfia: Chemical Heritage Foundation, 1998. ISBN 0-941901-27-0.

ROGERS, Kara et al. Biology. *Britannica*, [201-?]. Disponível em: < https://www.britannica.com/science/biology>. Acesso em 11/11/2021

SERRES, Michel. *The Birth of Physics*. Londres: Clinamen Press, 2001

SPENCER, J. Brookes et al. Physical science. *Britannica*, 2020. Disponível em: <https://www.britannica.com/science/physical-science>. Acesso em 10/11/2021

THE Story of Maths, Part 1: From Prehistoric to Pre-Classical Era. *The Institution for Science Advancement,* 2018. Disponível em: < http://ifsa.my/articles/the-story-of-maths-part-i-from-prehistoric-to-pre-classical-era>. Acesso em 11/11/2021

THE Story of Maths, Part 2: The Greeks. *The Institution for Science Advancement,* 2020. Disponível em: < http://ifsa.my/articles/the-story-of-maths-part-ii-the-greeks>. Acesso em 11/11/2021

THE Story of Maths, Part 3: The Indians. *The Institution for Science Advancement,* 2020. Disponível em: < http://ifsa.my/articles/the-story-of-maths-part-iii-the-indians>. Acesso em 11/11/2021

WOODRUFF, Lorande Loss. History of Biology. *The Scientific Monthly*, [s. l.], v. 12, n. 3, p. 253-281, março 1921.

HARDY, Karen et al. Neanderthal medics? Evidence for food, cooking, and medicinal plants entrapped in dental calculus. *Naturwissenschaften* v. 99, p. 617 – 626, 2012.

ARDREN, Traci (ed.). *Ancient Maya Women*. Califórnia: Rowman & Littlefield, 2002. ISBN 0-7591-0009-8.

BAHRAMI, Tooran Shahriari. The Social Position of Women in Old Persia. *In*: MEHREGAN PERSIAN CULTURAL FESTIVAL, 1994, Sidney. *Proceedings of the Seminar in Persian Studies During the Mehregan Persian Cultural Festival* […]. Sidney: [s. n.], 1994. p. 25-30.

BAINES, John; MÁLEK, Jaromír. *Deuses, Templos e Faraós*: Atlas Cultural do Antigo Egito. [S. l.]: Folio, 2008. ISBN 978-8441324749.

BAUMAN, Richard A. *Women and Politics in Ancient Rome*. Londres: Routledge, 1992. ISBN 0-203-42907-9.

BHATTACHARJI, Sukumari. A Rereading of Historical Material: An Alternative Account of the Position of Women in Ancient India. *In*: BASU, Alaka Malwade; AABY, Peter (ed.). *The Methods and Uses of Anthropological Demography*. Oxford: Oxford University Press, 1998. p. 153-176. ISBN 0-19-829337-2

BORBOR, Dariush. Iran"s Contributions to Human Rights, the Rights of Women and Democracy. *Iran & the Caucasus:* Herodotus, Leiden, v. 12, n. 1, p. 101-122, 2008.

BRULÉ, Pierre. *Women of Ancient Greece*. Edinburgh: Edinburgh University Press, 2003. ISBN 0-7486-1643-8.

CANTARELLA, Eva. *Pandora's Daughters*: The Role and Status of Women in Greek and Roman Antiquity. Baltimore: Johns Hopkins University Press, 1986. ISBN 978-0801833854.

CARROLL, Mitchell. *Greek Women*. Frankfurt: Outlook, 2018. v. 1. ISBN 978-3-73403-395-7.

CARTLEDGE, Paul. *The Spartans: The World of the Warrior-Heroes of Ancient Greece*. Vintage Books, 2004. ISBN 978-1400078851.

CARTWRIGHT, Mark. Women in Ancient China. *World History Encyclopedia*, 2017. Disponível em: <https://www.worldhistory.org/article/1136/women-in-ancient-china>. Acesso em 15/11/2021

CARTWRIGHT, Mark. The Role of Women in the Roman World. *World History Encyclopedia*, 2014. Disponível em: <https://www.worldhistory.org/article/659/the-role-of-women-in-the-roman-world/>. Acesso em 15/11/2021

DURANT, Will. *The Story of Civilization*. Nova York: Fine Communications, 1997. v. 1: Our Oriental Heritage.

FLANNERY, Harry W. Roman Women and the Vote. *The Classical Journal*, Indiana, v. 16, n. 2, p. 103-107, 1920.

GAO, Xiongya. Women Existing for Men: Confucianism and Social Injustice against Women in China. *Race, Gender & Class*, [s. l.], v. 10, n. 3, p. 114-125, 2003.

HEWITT, Erika A. What's in a Name: Gender, Power and Classic Maya Women Rulers. *Ancient Mesoamerica*, Cambridge, v. 10, n. 2, p. 251-262, 1999.

HINSCH, Bret. *Women in Ancient China*. Maryland: Rowman & Littlefield, 2018. ISBN 9781538115404.

IACOB, Anisia. The Life of Athenian Women in Ancient Greece: A Comprehensive List. *The Collector,* 2018. Disponível em: <https://www.thecollector.com/athenian-women-in-ancient-greece/>. Acesso em 15/11/2021

LION, Brigitte; MICHEL, Cécile (ed.). *The Role of Women in Work and Society in the Ancient Near East.* Berlim: Walter de Gruyter Inc., 2016. ISBN 978-1-61451-913-3.

MANSON, Moya K. Ancient Athenian Women of Classical Period. *Moyak,* [202-?]. Disponível em: <https://www.moyak.com/papers/athenian-women.html>. Acesso em 15/11/2021

MANSON, Moya K. Ancient Roman Women: A Look At Their Lives. *Moyak,* [202-?]. Disponível em: < https://www.moyak.com/papers/roman-women.html>. Acesso em 15/11/2021

MARTINS, Mariana Luana *et al.* Grécia Antiga: A Posição da Mulher Sob a Ótica Masculina. *In*: SEMINÁRIO CIENTÍFICO DO UNIFACIG, V., 2019, Manhuaçu. *Artigo* [...]. [*S. l.*: *s. n.*], 2019.

MICHEL, Fernanda Vach. A Mulher no Egito Antigo. *Brasil Escola,* [201-?]. Disponível em: <https://meuartigo.brasilescola.uol.com.br/historia/a-mulher-no-antigo-egito.htm>. Acesso em 11/11/2021

O'NEAL, William J. The Status of Women in Ancient Athens. *International Social Science Review*, Kansas, v. 68, n. 3, p. 115-121, 1993.

O'PRY, Kay. Social and Political Roles of Women in Athens and Sparta. *Saber and Scroll*, [*s. l.*], v. 1, n. 2, p. 7-14, 2012.

ROUT, Naresh. Role of Women in Ancient India. *Odisha Review*, Odisha, v. 72, n. 6, p. 42-47, 2016.

SANCISI-WEERDENBURG, Heleen. Exit Atosa: Images of Women in Greek Historiography on Persia. *In*: MUNSON, Rosaria Vignolo (ed.). *Oxford Readings in Classical Studies*: Herodotus. 1. ed. Oxford: Oxford University Press, 2013. v. 2, p. 135-150. ISBN 978-0-19-958758-2.

STOL, M. Women in Mesopotamia. *Journal of the Economic and Social History of the Orient*, Leiden, v. 38, n. 2, p. 123-144, 1995.

WATTERSON, Barbara. *Women in Ancient Egypt.* Gloucerstershire: Amberley Publishing, 2013. ISBN 978-1-4456-0494-7.

WOMEN in Maya Society. *History on the Net*, 2021. Disponível em: < https://www.historyonthenet.com/women-in-mayan-society>. Acesso em 15/11/2021

ZURNDORFER, Harriet. Women in Chinese Learned Culture: Complexities, Exclusivities and Connecting Narratives. *Gender & History*, Maryland, v. 26, n. 1, p. 23-35, 2014.

ANDERSON, J. Astronomy the Babylonian Way. *Journal of the Royal Astronomical Society of Canada*, [s. l.], v. 106, n. 3, p. 108-110, 2000.

ANU. *Britannica*, 2020. Disponível em: < https://www.britannica.com/topic/Anu>. Acesso em 19/11/2021

BINKLEY, R. The Rethoric of Origins and the Other: Reading the Ancient Figure of Enheduanna. In: LIPSON, C.; BINKLEY, R. (Ed.). *Rethoric before and beyond the Greeks*. Albany: State University of New York Press, 2004. p. 47 – 63.

MARK, J. J. Enheduanna. *Ancient History Encyclopedia*, 2014. Disponível em: <https://www.ancient.eu/Enheduanna/>. Acesso em 17/07/2019

MARK, J.J. Inanna. *Ancient History Encyclopedia*, 2010. Disponível em: <https://www.worldhistory.org/Inanna/>. Acesso em 19/11/2021

MARK, J.J. Sargon of Akkad. Ancient History Encyclopedia, 2009. Disponível em: < https://www.worldhistory.org/Sargon_of_Akkad/>. Acesso em 19/11/2021

MEADOR, B. De S. (ed.). *Innana, Lady of Largest Heart*. 1º. ed. Texas: University of Texas Press, 2000. ISBN 0-292-75241-5.

SAGGS, H.W.F. Babylonians. Londres: British Museum Press, for the Trustees of the British Museum, 1995.

SALISBURY, J.E. Encyclopedia of Women in the Ancient World. Santa Bárbara, Califórnia: ABC-CLIO, Inc, 2001.

SCHMELZ, Joan. En'hedu'anna, Our First Great Scientist. *Women in Astronomy*, 2013. Disponível em: <http://womeninastronomy.blogspot.com/2013/05/enheduanna-our-first-great-scientist.html>. Acesso em 19/11/2021

GADEA, S; VATCA, A; VATCA, S. The History and Use of Perfume in Human Civilization. *Agricultura*, Napoca, v. 103, n. 3-4, p. 161-166, 2017.

HELMENSTINE, A. Who was the first chemist? A woman named Tapputi. *Science Notes*, 2017. Disponível em: https://sciencenotes.org/who-was-the-first-chemist/. Acesso em: 18/07/2019.

RAYNER-CANHAM, M; RAYNER-CANHAM, G. *Women in Chemistry*: Their Changing Roles from Alchemical Times to the Mid-Twentieth Century. Filadélfia: Chemical Heritage Foundation, 1998. ISBN 0-941901-27-0.

TAPPUTI BELATEKALLIM, THE FIRST CHEMIST. *Girl Museum*, 2017. Disponível em: <https://www.girlmuseum.org/tapputi-belatekallim/>. Acesso em: 18/07/2019.

THE LOST HISTORY OF WOMEN IN CHEMISTRY: THE FIRST PERFURMER. *Death/Scent*, 2016. Disponível em: <https://deathscent.com/2016/03/08/the-lost-history-of-women-in-chemistrythe-first-perfumer/>. Acesso em: 18/07/2019.

AGNODICE and Childbirth. *Historical Collections Online Exhibits*, 2007. Disponível em: <http://exhibits.hsl.virginia.edu/antiqua/women/>. Acesso em 23/07/2019.

FRAZÃO, Dilva. Heróﬁlo. *Ebiograﬁa*, 2016. Disponível em: <https://www.ebiografia.com/herofilo/>. Acesso em 05/12/2021

KING, Helen. Agnodice: Reading the Story. *Mistaking Histories*, 2017. Disponível em: < https://mistakinghistories.wordpress.com/2017/10/18/agnodice-reading-the-story/>. Acesso em 23/07/2019.

KING, Helen. Motherhood and Health in the Hippocratic Corpus: Does Maternity Protect Against Disease?. *Dossier: Mères et maternités en Grèce ancienne*, Paris-Atenas, v. 5, n. 11, p. 51-70, 2013.

MAGIORKINIS, E. *et al*. Ancient Greek medicine before and after Hippocrates: The Scientiﬁcation of Medicine. *Balkan Military Medical Review*, Balkan, v. 14, n. 1, p. 52-65, 2011.

OAKES, Elizabeth H. *Encyclopedia of World Scientists*. Nova York: Infobase Publishing, 2007. ISBN 978-0-8160-6158-7.

RETIEF, F.P.; CILLIERS, L. The Healing Hand: The Role of Women in Graeco-Roman Medicine. *Acta Theologica*, Bloemfontein, v.26, n.2, p.165 – 188, 2006.

SALDARRIAGA, Nicole. Agnodice: The First Female Physician… Maybe. *Classical Wisdom Weekly*, 2015. Disponível em: <https://classicalwisdom.com/people/agnodice-first-female-physician-maybe/>. Acesso em 23/07/2019.

AGLAONICE (Venus). *We Name The Stars*. Disponível em: <http://wenamethestars.inkleby.com/feature/85> Acesso em 06/11/2021

ASTRONOMIA – Eclipse. *Dia a Dia Educação*, [201-?]. Disponível em: <http://www.ciencias.seed.pr.gov.br/modules/conteudo/conteudo.php?conteudo=268> - Acesso em 06/11/2021

HILL, D.E. The Thessalian Trick. *Rheinisches Museum Für Philologie*, Sauerlândia, v. 116, n. 3-4, p. 221-238, 1973.

MHEALLAIGH, Karen ní. *The Moon in the Greek and Roman Imagination*: Myth, Literature, Science and Philosophy. Cambridge: Cambridge University Press, 2020. ISBN 978-1-108-48303-2.

MILI, Maria. *Religion and Society in Ancient Thessaly*. 1º. ed. Oxford: Oxford University Press, 2015. ISBN 978-0198718017.

PLATÃO. *Górgias*, 380 AEC. Disponível: <https://sourcebooks.fordham.edu/ancient/plato-gorgias.txt>. Acesso em 06/11/2021.

RESER, Anna; MCNEILL, Leila. *Forces of Nature*: The Women who Changed Science. Londres: Frances Lincoln, 2021. ISBN 978-0711248977.

SOSIFANES. *Meleagro*, [336? AEC]. Disponível em: <http://www.apgrd.ox.ac.uk/ancient-performance/sources/322>. Acesso em 06/11/2021

STOTHERS, Richard B. Dark Lunar Eclipses in Classical Antiquity. *Journal of the British Astronomical Association*, Oxford, v. 96, n. 2, p. 95, 1986.

ÉFESO, Sorano de. *Soranu's Ginecology*. Tradução: Owsei Temkin. Baltimore: The Johns Hopkins University Press, 1991. ISBN 9780801843204.

FLEMMING, R. *Woman as an Object of Medical Knowledge in the Roman Empire, From Celsus to Galen*. 1997. Tese (Doutorado em História) - University College, Londres, 1997.

FLEMMING, R. Women, Writing and Medicine in the Classical World. *The Classical Quarterly*, Cambridge, v. 57, n. 1, p. 257-279, 2007.

JOHNSON, M; RYAN, T. *Sexuality in Greek and Roman Literature and Society*: A Sourcebook. 1º. ed. Londres: Rotledge, 2005. ISBN 9780415173315.

OGILVIE, M; HARVEY, J (ed.). *The Biographical Dictionary of Women in Science*: Pioneering Lives from Ancient Times to the Mid-20th Century. Nova York - Londres: Routledge, 2000. v. 2. ISBN 0-415-92038-8.

PLANT, I. M. *Women Writers of Ancient Greece and Rome*: An Anthology. Oklahoma: University of Oklahoma Press, 2004.

RETIEF, F.P.; CILLIERS, L. The Healing Hand: The Role of Women in Graeco-Roman Medicine. *Acta Theologica*, África do Sul, v. 26, n. 2, p. 165-188, 2006.

ROSSER, S. V. (ed.). *Women, Science, and Myth*: Gender Beliefs from Antiquity to the Present. Califórnia: ABC-CLIO, 2008. ISBN 978-1598840957.

VIEIRA, Ana Thereza Basílio. O Conceito de Natureza em Plínio o Velho. *Anais de Filosofia Clássica*, Rio de Janeiro, v. 4, n. 8, p. 60-70, 2010

BLANC, Charles Le. *Huai-nan Tzu*: Philosophical Synthesis in Early Han Thought. Hong Kong: Hong Kong University Press, 1985. ISBN 962-209-169-5.

BOCK, Torsten. History of Alchemy from Early to Middle Ages. *Grin*, 1997. Disponível em: < https://www.grin.com/document/94692>. Acesso em 13/09/2021

CONNIFF, Richard. Alchemy May Not Have Been The Pseudoscience We All Thought It Was. *Smithsonian Magazine*, 2014. Disponível em: <https://www.smithsonianmag.com/history/alchemy-may-not-been-pseudoscience-we-thought-it-was-180949430/>. Acesso em 17/11/2021

COOPER, Jean. *Chinese Alchemy*: Taoism, the Power of Gold, and the Quest for Immortality. São Francisco: Weiser Books, 2016. ISBN 978-1-57863-577-1.

GORDON, Robin L. Alchemical Sisters from China. *Women Alchemists Expanded,* [201-?]. Disponível em: < http://www.womenalchemists.com/chinese-women-alchemists.html>. Acesso em 12/09/2021

KNECHTGES, David R. Reviewed work: Alchemy, Medicine, and Religion in the China of A.D. 320: The Nei P'ien of Ko Hung (Pao-p'u tzu) by James R. Ware. *Philosophy East and West,* Havaí, v. 18, n. 3, p. 227-229, 1968.

LACERDA, Luiz D. de; SALOMONS, Wim. *Mercury from Gold and Silver Mining*: A Chemical Time Bomb?. 1º. ed. Berlim: Springer-Verlag Berlin Heidelberg, 1998. ISBN 978-3-642-58793-1.

NEEDHAM, Joseph. *Science and Civilisation in China*. Nova York: Cambridge University Press, 1954. v. 5.

NEWMAN, William R.; PRINCIPE, Lawrence M. Alchemy vs. Chemistry: The Etymological Origins of a Historiographic Mistake. *Early Science and Medicine,* [s. l.], v. 3, n. 1, p. 32-65, 1998. Disponível em: https://www.jstor.org/stable/4130048. Acesso em: 17 maio 2022.

PATIO process. *Britannica,* 1998. Disponível em: < https://www.britannica.com/technology/patio-process>. Acesso em 17/11/2021

PRINCIPE, Lawrence M. The Secrets of Alchemy. *Science History Institute*, 2013. Disponível em: < https://www.sciencehistory.org/distillations/the-secrets-of-alchemy>. Acesso em 13/09/2021

RAYNER-CANHAM, Marelene; RAYNER-CANHAM, Geoff. *Women in Chemistry*: Their Changing Roles from Alchemical Times to the Mid-Twentieth Century. Filadélfia: Chemical Heritage Foundation, 1998. ISBN 0-941901-27-0.

SOUZA, Gustavo Duarte de *et al*. Prata: Breve histórico, propriedades e aplicações. *Educação química*, Cidade do México, v. 24, n. 1, p. 14-16, 2013.

DEMING, David. *Science and Technology in World History*: The Origin of Chemistry, the Principle of Progress, the Enlightenment and the Industrial Revolution. Carolina do Norte: McFarland & Company, 2016. v. 4. ISBN 978-0786494033.

CHEMAT, Farid *et al*. A review of sustainable and intensified techniques for extraction of food and natural products. *Green Chemistry*, [s. l.], v. 22, n. 8, p. 2325 - 2353, 2020.

FORBES, R.J. On the Origin of Alchemy. *Chymia*, Califórnia, v. 4, p. 1-11, 1953.

LACHMAN, Gary. *The Quest for Hermes Trismegistus*: From Ancient Egypt to the Modern World. Edimburgo: Floris Books, 2011. ISBN 978-0863157981.

NEWMAN, William R.; PRINCIPE, Lawrence M. Alchemy vs. Chemistry: The Etymological Origins of a Historiographic Mistake. *Early Science and Medicine*, [s. l.], v. 3, n. 1, p. 32-65, 1998. Disponível em: https://www.jstor.org/stable/4130048. Acesso em: 17 maio 2022.

PARTINGTON, J.R. The Kerotakis Apparatus. *Nature*, Berlim, v. 159, p. 784, 1947.

PATAI, Raphael. *The Jewish Alchemists*: A History and Source Book. Princeton: Princeton University Press, 2014. ISBN 978-0691603124.

PINTO, Angela C.; DA SILVA, Bárbara Vasconcellos. *A Química Perto de Você*: Experimentos de Química Orgânica. 1°. ed. São Paulo: Sociedade Brasileira de Química, 2012. v. 1. ISBN 978-85-64099-09-8.

UHL, Xina M. *The Most Influential Female Inventors*: Breaking the Glass Ceiling: The Most Influential Women. Nova York: Rosen Publishing, 2018. ISBN 1508179808.

ZAFARRIS, Jess. The Etymology of "Alchemy". *Useless Etymology*, 2018. Disponível em: <https://uselessetymology.com/2018/06/20/the-etymology-of-alchemy/>. Acesso em 19/10/2021

Brooklyn Museum. Aspasia of Athens. Disponível em: <https://www.brooklynmuseum.org/eascfa/dinner_party/heritage_floor/aspasia_of_athens>. Acesso em 23/11/2021

RICCI, J. V. *The development of gynaecological surgery and instruments : a comprehensive review of the evolution of surgery and surgical instruments for the treatment of female diseases from the Hippocratic age to the antiseptic period*. San Francisco: Norman Pub, 1990.

TSOUCALAS, G.; KOUSOLIS, A. *Innovative Surgical Techniques of Aspasia, the Early Greek Gynecologist*. PubMed, 2012, Setembro.

FLEMMING, Rebecca. *Women, Writing and Medicine in the Classical World*. Classical Quarters, 2007.

RIDDLE, J.M. Contraception and Abortion from the Ancient World to the Renaissance, 1992.

O'CONNOR, J. J; ROBERTSON, E.F. Pandrosion of Alexandria. *MacTutor*, 2018. Disponível em: <https://mathshistory.st-andrews.ac.uk/Biographies/Pandrosion>. Acesso em 17/11/2021

MCLAUGHLIN, Gráinne. The logistics of gender from classical philosophy. *In*: MARSHALL, Eireann; MCHARDY, Fiona (ed.). *Women's Influence on Classical Civilization*. Londres: Routledge, 2004. p. 7-25. ISBN 9780415309585.

WATTS, Edward J. *Hypatia*: The Life and Legend of an Ancient Philosopher. 1°. ed. Oxford: Oxford University Press, 2017. ISBN 9780190210045.

ALEXANDRIA, Papo de. *Book 7 of the Collection*. JONES, Alexander (ed.). Nova York: Springer, 1986. ISBN 978-1461293552.

BERNARD, Alain. Ancient Rhetoric and Greek Mathematics: A Response to a Modern Historiographical Dilemma. *Science in Context*, Cambridge, v. 16, n. 3, p. 391-412, 2003.

KNORR, Wilbur Richard. Pappus' Texts on Cube Duplication. *In*: KNORR, Wilbur Richard. *Textual Studies in Ancient and Medieval Geometry*. Basiléia: Birkhäuser, 1989. p. 63-76.

RIBEIRO Jr.; W.A. Papo de Alexandria/Coleção. *Portal Graecia Antiqua*, 2009. Disponível em: <greciantiga.org/arquivo.asp?num=0978>. Acesso em 19/10/2021.

SOUSA, José Miguel Rodrigues de. *Trissecção do ângulo e duplicação do cubo*: As Soluções na Antiga Grécia. 2001. Dissertação (Mestrado em Matemática) - Universidade do Porto, Porto, 2001.

BONFIL, Robert *et al*. Jewish Survival in Late Antique Alexandria. *In*: STROUMSA, Guy G. *Jews in Byzantium*. Leiden: Brill, 2012. p. 257-270. ISBN 978-90-04-20355-6.

MARK, Joshua J. Hypatia of Alexandria. *World History Encyclopedia*, 2009. Disponível em: <https://www.worldhistory.org/Hypatia_of_Alexandria/> Acesso em 06/11/2021.

MANDAL, Dattatreya. Hypatia: The Great Philosopher Who Was Also A Mathematician Extraordinaire. *Realm of History*, 2016. Disponível em: <http://www.realmofhistory.com/2016/04/14/hypatia-last-great-philosopher-alexandria/>. Acesso em 06/11/2021

ADAIR, Ginny. Hypatia. *Biographies of Women Mathematicians*, 1998. Disponível em: <https://www.agnesscott.edu/lriddle/women/hypatia.htm>. Acesso em 06/11/2021

BOOTH, Charlotte. *Hypatia*: Mathematician, Philosopher, Myth. Fonthill: Fonthill, 2017. ISBN 978-1-78155-546-0.

WATTS, Edward J. *City and School in Late Antique Athens and Alexandria*. Califórnia: University of California Press, 2008. ISBN 9780520258167.

FERGUSON, John. Hellenistic Age: Ancient Greek History. *Britannica*, 2016. Disponível em: <https://www.britannica.com/event/Hellenistic-Age>. Acesso em 06/11/2021

SIMONIN, Antoine. Hellenist Period. *World History Encyclopedia*, 2011. Disponível em: < https://www.worldhistory.org/Hellenistic_Period/>. Acesso em 17/11/2021

SINÉSIO DE CIRENE. Cartas. Articles on Ancient History. Disponível em: <https://www.livius.org/sources/content/synesius/synesius-letter-016/?>. Acesso em 06/11/2021

JUSTICE, Faith L. Hypatia of Alexandria: The Primary Sources. *Historian's Notebook*, 2012. Disponível em: <https://faithljustice.wordpress.com/2012/03/15/hypatia-sources/>. Acesso em 06/11/2021

HYPATIA of Alexandria. *UC Santa Cruz Physics*, 2003. Disponível em: <http://physics.ucsc.edu/~drip/7B/hypatia.pdf> Acesso em: 06/11/2021

O'CONNOR, J.J; ROBERTSON, E.F. Hypatia of Alexandria. *MacTutor*, 1999. Disponível em: < https://mathshistory.st-andrews.ac.uk/Biographies/Hypatia>. Acesso em 06/11/2021

MERCER, Mikelle. Hypatia. *Math*, [200-?]. Disponível em: <https://web.archive.org/web/20210129082848/https://www.math.wichita.edu/history/women/hypatia.html>. Acesso em 06/11/2021

- editoraletramento
- editoraletramento.com.br
- editoraletramento
- company/grupoeditorialletramento
- grupoletramento
- contato@editoraletramento.com.br
- editoraletramento

- editoracasadodireito.com.br
- casadodireitoed
- casadodireito
- casadodireito@editoraletramento.com.br